NEGOCIE SEM MEDO

Breno Paquelet

NEGOCIE SEM MEDO

Os cinco pilares para construir acordos com confiança

PORTFOLIO
PENGUIN

Copyright © 2022 by Breno Paquelet

A Portfolio-Penguin é uma divisão da Editora Schwarcz s.a.

PORTFOLIO and the pictorial representation of the javelin thrower are trademarks of Penguin Group (USA) Inc. and are used under license. PENGUIN is a trademark of Penguin Books Limited and is used under license.

Grafia atualizada segundo o Acordo Ortográfico da Língua Portuguesa de 1990, que entrou em vigor no Brasil em 2009.

CAPA Hennemann/ Foresti Design
ILUSTRAÇÕES Bruno Algarve
PREPARAÇÃO Fernanda Grabauska
REVISÃO Camila Saraiva e Paula Queiroz

Dados Internacionais de Catalogação na Publicação (CIP)
(Câmara Brasileira do Livro, SP, Brasil)

Paquelet, Breno
  Negocie sem medo : Os cinco pilares para construir acordos com confiança / Breno Paquelet. — 1ª ed. — São Paulo : Portfolio-Penguin, 2022.

  ISBN 978-65-5424-001-7

  1. Administração de empresa 2. Comunicação 3. Gestão de negócios 4. Inteligência emocional 5. Negociação em negócios 6. Planejamento estratégico I. Título.

22-124181   CDD-658.81

Índice para catálogo sistemático:
1. Negociação : Habilidades : Desenvolvimento : Administração 658.81

Aline Graziele Benitez — Bibliotecária — CRB-1/3129

[2022]
Todos os direitos desta edição reservados à
EDITORA SCHWARCZ S.A.
Rua Bandeira Paulista, 702, cj. 32
04532-002 — São Paulo — SP
Telefone: (11) 3707-3500
www.portfolio-penguin.com.br
atendimentoaoleitor@portfoliopenguin.com.br

Aos meus alunos, que são fonte de motivação para que eu busque me aperfeiçoar cada vez mais.

SUMÁRIO

Introdução 9

Primeiro pilar: postura 13
Segundo pilar: preparação 39
Terceiro pilar: comunicação 75
Quarto pilar: táticas 103
Quinto pilar: emoções 151

Notas 201

INTRODUÇÃO

NEGOCIAR FAZ PARTE DA VIDA. Trata-se de um ato tão incorporado ao nosso dia a dia que, muitas vezes, nem o percebemos. Instado a pensar sobre o assunto, um adulto estima que passe catorze horas por semana negociando — quando a verdade é que são mais de quarenta horas semanais em negociação, no trabalho e fora dele.[1] Profissionais chegam a passar até 80% do seu tempo praticando atos de negociação, persuasão e influência.[2] No entanto, poucos se dedicam a aprimorar habilidades que podem levar a bons acordos e soluções.

No imaginário coletivo e na cultura popular, negociar é retratado como algo corporativo e extremamente competitivo, em geral feito entre homens de terno. Nada poderia estar mais longe da realidade: como veremos ao longo deste livro, a negociação se sustenta em pilares que pouco ou nada têm a ver com o arquétipo dominador tão difundido. Não é necessário interpretar um personagem para negociar. O que você precisa é entender a dinâmica das negociações, aprender a criar valor, saber como se preparar, conseguir fazer perguntas eficazes, apresentar seus argumentos de forma persuasiva e administrar as emoções dos envolvidos.

Iniciei minha carreira na área de negócios sem ter estudado negociação no curso de graduação, mas logo percebi que essa matéria era central para o meu trabalho. Comecei a agir intuitivamente e, com o tempo, quis me especializar. Eu me apaixonei pelo tema e não parei mais. Busquei as principais instituições de ensino dedicadas a esse campo, incluindo o Projeto de Negociação da Universidade Harvard. Lá, tive acesso a grandes professores — como Michael Wheeler, Deepak Malhotra, Jim Sebenius, William Ury e Daniel Shapiro — e conheci suas pesquisas.

Sobretudo, pratiquei muito o que aprendi, descobrindo o que funcionava melhor para mim em cada contexto. Acabei me consolidando no ramo e, em 2017, passei a dar aulas e produzir conteúdo para os principais veículos de mídia nacionais. Tenho o hábito de refletir sobre todas as negociações nas quais me envolvo e tento traduzir esse conhecimento em lições para enriquecer minhas aulas, meus artigos e livros.

Apesar de ser um estudioso da negociação, quero deixar claro que você não precisa se preocupar em decorar siglas para ser um negociador bem-sucedido. Nunca precisei usar formalmente o termo Batna (melhor alternativa a um acordo) em um negócio, embora tenha consciência de que ter boas alternativas externas (outras propostas interessantes) me fortalece. Evitarei carregar o livro com siglas, porque considero que o uso em excesso de jargões acaba afastando as pessoas do tema e, pior, pode levar a um falso senso de domínio. Ao conversar com estudantes de negociação, é comum ouvir expressões como Batna, Zopa e preço de reserva sendo jogadas ao vento. Utilizar esses termos demonstra, apenas, que eles participaram de um curso formal sobre o assunto ou que leram alguns livros; está longe de determinar se terão de fato sucesso em negociações.

Jargões são inúteis se não absorvermos os princípios por trás deles nem soubermos incorporar seus conceitos à vida real. Um bom exemplo é o termo Zopa (zona de possível acordo — faixa de valor compreendida entre os limites máximo e mínimo aceitáveis para ambos). Trata-se de uma referência útil quando relacionada a um acordo focado em preço, mas o conceito se torna menos relevante quando itens intangíveis ou difíceis de mensurar são adicionados à negociação.

A falta de apego aos jargões não significa que falte profundidade, relevância e contemporaneidade ao livro. Além de contemplar as mais recentes pesquisas e os principais conceitos da negociação, todo o conteúdo é embasado em teorias sólidas e experiências reais minhas ou de outros negociadores. Busquei explicar conceitos complexos de forma leve e natural e ilustrá-los com exemplos diversos, extraídos de vários contextos.

Ao longo de centenas de horas de aulas, workshops e palestras, fui refinando a forma de transmitir o conteúdo e traduzindo em pilares concretos os princípios de negociação de Harvard. Foi daí que nasceu a metodologia dos cinco pilares da negociação — postura, preparação, comunicação, táticas e emoções —, que, juntos, sustentam qualquer negociação. Para orientar a aplicação no dia a dia, desenvolvi as questões relevantes de cada pilar associando-as a reflexões, pesquisas, conceitos, exemplos práticos e histórias reais. Muito além de fornecer meia dúzia de termos e táticas para que você os decore, meu objetivo é fazê-lo chegar a uma compreensão ampla e embasada do tema para conseguir tomar suas próprias decisões, negociando com confiança e criatividade em diversos cenários.

O desenvolvimento pessoal na área da negociação envolve ciclos contínuos de estudo, prática e autorreflexão. Ao experimentar a negociação, você começará a analisar sua atuação, destacando pontos de melhoria — o que o fará estudar mais, entrando num círculo virtuoso.

Quando decidi me dedicar a esse tema, cheguei à conclusão de que o mundo não precisava de mais um "professor de negociação", mas de profissionais capazes de formar pessoas mais preparadas, seguras e confortáveis para negociar em alto nível, criando valor em suas interações. Minha missão é simplificar a negociação, tornando-a acessível e aplicável na vida real. Foi com isso em mente que escrevi este livro. Com as reflexões e ferramentas aqui apresentadas, espero que você seja capaz de elevar o nível das suas negociações. Meu desejo é que, ao terminá-lo, você perceba que o sucesso pode ser alcançado por pessoas comuns, e que realize vários bons acordos, de forma consistente, construindo valor e fortalecendo relações.

Boa leitura — e bons acordos!

PRIMEIRO PILAR
Postura

A POSTURA REPRESENTA A MENTALIDADE que você traz para a negociação. Você a enxerga como um processo meramente combativo? Ou como uma oportunidade para a solução conjunta de um problema? É muito comum que as pessoas adotem posturas extremas sem perceber que estão agindo de forma completamente contrária aos seus objetivos. Esse ponto é a base sobre a qual ótimos negociadores são formados — e pode ser determinante para o sucesso de uma negociação.

A negociação não precisa ser uma batalha

Eu participava de um jantar informal quando o namorado de uma amiga, ao saber que sou professor de negociação, me perguntou: "Negociação é uma guerra, não é? Uma batalha. Você tem que saber blefar, iludir, impor...". Eu sorri, sem graça. Não queria passar o jantar inteiro demonstrando o quanto essa visão, tão disseminada, é um obstáculo para que as pessoas atinjam seus objetivos de forma sustentável ao longo da vida.

Ao ouvir a palavra negociação, logo vem à mente uma luta, na qual é preciso enfrentar seu adversário de forma agressiva para impor seu ponto de vista e conseguir o que quer. As pessoas presumem que qualquer vantagem para elas só pode vir às custas de uma perda proporcional para o outro — como se, para ganhar um real, o outro necessariamente precisasse perder um real. Essa visão estreita acaba criando um paradoxo, fazendo com que 80% dos negociadores desperdicem recursos em suas negociações.[1] Começam a conversa completamente focados em defender sua vontade, determinados a não ceder em nada, mas acabam "deixando valor na mesa" sem perceber.

Há um exemplo que representa muito bem esse paradoxo.[2] Duas irmãs queriam uma laranja, nenhuma cedia e por fim decidiram dividir a laranja ao meio. A primeira, que estava com fome, pegou sua metade da laranja, comeu a fruta e jogou a casca fora. A segunda, que queria fazer um bolo, pegou sua metade, raspou a casca conforme pedia a receita e descartou a polpa. Ambas queriam a laranja por motivos diferentes, mas, por presumirem que suas posições eram incompatíveis (apenas afirmavam que "queriam a laranja"), decidiram simplesmente usar a solução mais justa que imaginaram.

A solução até foi justa, visto que as duas dividiram os recursos disponíveis de forma igualitária. Mas foi eficiente? Não, porque deixou de explorar os benefícios potenciais. Em vez de cada uma ficar com apenas metade da laranja, atendendo a 50% de seus reais interesses, ambas poderiam satisfazer a totalidade dos seus interesses se tivessem conversado de forma mais profunda sobre a questão. Se tentassem entender por que cada uma desejava a laranja, uma poderia ter ficado com a casca inteira e a outra com a polpa/fruta inteira. Uma conversa produtiva teria transformado o resultado de forma positiva.

A professora Leigh Thompson, da Kellogg School of Management, realizou uma pesquisa com mais de 5 mil pessoas em 32 estudos de casos nos quais havia incentivos financeiros claros caso os participantes conduzissem negociações com sucesso. Ela concluiu que eles falharam em detectar e aproveitar oportunidades de criação de valor em 50% das vezes.[3] Na maioria dos casos, ambos desperdiçaram dinheiro, mesmo quando o benefício de um não custaria nada ao outro.

Por que desperdiçamos recursos desnecessariamente?

Em minhas aulas de negociação, quando apresento exemplos reais de acordos inteligentes envolvendo criação de valor, é comum ouvir dos alunos a frase: "Mas no meu negócio é diferente", seguida de afirmações limitadoras como: "meu cliente não aceitaria falar sobre isso", "meu gestor não aprovaria isso", "não seria possível sugerir algo assim" ou "isso só funciona em negócios específicos". Na prática, a forma negativa como encaramos a negociação é um dos principais obstáculos ao nosso sucesso. Se tentamos criar valor, é bem possível que consigamos. Se entrarmos só para nos defendermos e disputarmos, é provável que saiamos com um acordo simplista ou um impasse em mãos.

Mesmo em turmas com participantes nivelados e que assistiram às mesmas aulas, essas limitações se manifestam. Ao participarem de simulações, alguns profissionais conseguem negociar criativamente acordos mais vantajosos para os envolvidos, enquanto outros tratam a negociação como um embate, obtendo acordos que são apenas "melhores do que nada". Ao discutirmos os resultados, é comum ouvir comentários do tipo: "Mas eu não sabia que podia fazer assim!". A eles, respondo que as limitações na negociação são autoimpostas: muitas delas estão apenas na nossa cabeça e mesmo as reais poderiam ser superadas com criatividade. Quase sempre é possível fazer algum movimento para criar valor.

Um estudo demonstrou o quanto a negatividade ofusca possibilidades de criação de valor. Em geral, negociadores "medianos" compartilham menos informações, geram menos opções e fazem quatro vezes mais comentários provocativos em comparação a negociadores habilidosos.[4] Estar preso a pressupostos negativos reduz a possibilidade de sucesso na interação.

O principal obstáculo psicológico para a criação de valor é o "mito da torta fixa". Criado pelo professor Max Bazerman, o termo exemplifica a visão errônea de que os recursos na negociação são fixos e meramente divisíveis.[5] Ele faz a analogia com uma torta de tamanho definido — os negociadores acreditam que precisarão apenas decidir como ela será dividida, se em partes iguais ou maior para algum dos envolvidos.

Bazerman, no entanto, acredita que é possível trabalhar em conjunto para aumentar essa torta antes de reparti-la. Na mesma linha, o matemático John Nash (Nobel de economia em 1994 também conhecido pela cinebiografia *Uma mente brilhante*) demonstrou matematicamente a teoria da vontade geral de Jean-Jacques Rousseau — quando as partes buscam juntas um resultado eficiente, a torta quase sempre aumenta, de modo que todos possam obter mais do que conseguiriam individualmente.

Imagine quatro caçadores famintos. Sozinhos, só conseguiriam capturar uma lebre cada um; em conjunto, conseguiriam caçar um alce. Não é à toa que desenvolvemos fortes habilidades sociais para poder colaborar com nossos pares e, assim, conquistar o que, à primeira vista, parece impossível. Um exemplo recente, extraído do mundo da ciência, é o incrível projeto de mapeamento do genoma humano. A empreitada envolveu a colaboração de milhares de cientistas em centenas de laboratórios ao redor do mundo — juntos, eles conseguiram o que um único cientista ou um único laboratório jamais seria capaz de fazer. E se trazemos essas habilidades de colaboração para dentro de nossas equipes, por que não as levar à mesa de negociação?

Adotando a postura mais adequada para cada contexto

A forma como se enxerga a negociação é determinante para o comportamento dos envolvidos e, por consequência, para o resultado do acordo. Muitas pessoas adotam um "modo negociador" quando se deparam com algum cenário que envolva interesses aparentemente conflitantes e buscam "ganhar" a qualquer custo, partindo do pressuposto que seu interlocutor é um obstáculo a seu objetivo e que, portanto, precisam derrotá-lo. Ao pensar assim, entram fechados, evitando compartilhar qualquer tipo de informação, ou agressivos, na tentativa de impor seu ponto de vista de maneira inflexível e autoritária. Essa postura coloca seus interlocutores na defensiva ou gera reações de contra-ataque, diminuindo a possibilidade de que a interação seja produtiva.

Antes de iniciar qualquer negociação, é preciso entender em qual contexto ela se enquadra. Tratá-las como algo universal e adotar uma postura única para qualquer situação pode fazer com que você erre muito sem perceber. Existem basicamente quatro cenários gerais em que as negociações acontecem e cada um deles demanda ajustes importantes na postura do negociador. Esses cenários, representados na figura abaixo, variam entre si pela importância do resultado (alta/baixa) e a importância do relacionamento (alta/baixa).

Ao visualizar em qual quadrante a negociação parece se situar, é possível calibrar sua postura, dando maior peso para o resultado, para o relacionamento ou buscando um equilíbrio entre esses aspectos. A decisão depende do nível de relacionamento pré-existente, do desejo de relacionamento futuro e da importância do resultado em si. É uma decisão complexa. Na dúvida, o ideal é pesar para o lado da manutenção do relacionamento (mostrarei que é possível fazer isso sem renunciar aos seus interesses).

1º quadrante: transações únicas

Negociações em que os envolvidos *provavelmente* não voltarão a negociar.

Aqui, até faz sentido colocar mais energia para obter um melhor resultado, mesmo que o relacionamento fique abalado. Deve-se tomar cuidado, contudo, com o uso da agressividade na busca dos objetivos; isso pode despertar sentimentos negativos no interlocutor — como raiva, frustração, senso de injustiça —, fazendo com que ele se feche ou também aja de forma agressiva, inviabilizando a conclusão do negócio ou sua execução. Um exemplo de transação única é a compra de um produto de um vendedor ambulante em uma viagem. Como não há nem relacionamento prévio nem expectativa de relacionamento futuro, a tendência do comprador seria a de colocar energia em barganhar para pagar o menor preço possível.

2º quadrante: negociações recorrentes

Negociações entre empresas e parceiros de negócios.

Nelas, é preciso buscar equilíbrio entre alcançar seus interesses e manter uma relação saudável de negócios, para obter indicações de potenciais novos parceiros, aumentar as chances de que o acordo seja cumprido — ou ampliado — e preservar boa vontade para possíveis ajustes na execução do contrato. O perigo de pensar de forma imediatista com parceiros recorrentes é transformar uma parceria potencialmente geradora de benefícios para ambos em uma transação comercial simplista.

3º quadrante: negociações (objetivamente) indiferentes

Em casos assim, a importância do relacionamento futuro e a relevância do resultado são baixas, pois representam disputas sobre algo que objetivamente tem pouco valor. Estamos falando de interações com pessoas desconhecidas ou relacionamentos cuja manutenção é irrelevante. Como exemplos, temos as disputas de trânsito e discussões em filas de supermercado. Analisando de forma objetiva, nem valeria a pena entrar nessas negociações ou discussões.

Um motivo comum para nos engajarmos nesse tipo de disputa é a preservação da nossa imagem ou o desejo de dar uma lição à outra parte diante algo que vemos como desrespeito ou injustiça.

4º quadrante: negociações relacionais

Envolvem amigos ou familiares.

Nesse caso, a manutenção do relacionamento deveria se sobrepor às vontades individuais ou ao seu objetivo de curto prazo. Na decisão do destino de férias da família, por exemplo, seria melhor satisfazer o cônjuge e os filhos a realizar o *seu* programa dos sonhos e deixar todos frustrados. Quando colegas de trabalho decidem onde vão almoçar, é preferível tentar conciliar um local que permita reunir o grupo todo a condicionar sua presença à escolha do restaurante em que você está com vontade de comer no dia.

Segundo estudos da professora Leigh Thompson, 99% das nossas negociações envolvem relacionamentos de longo prazo. Se poucas negociações são de curto prazo, por que pensamos de forma tão imediatista? Por que temos tanta dificuldade de projetar benefícios futuros? Dan Ariely responde à questão em *A psicologia do dinheiro*:[6] "As recompensas imediatas são claras e intensas, portanto, impactam nossas decisões num grau maior. As recompensas no futuro desconhecido são bem menos intensas, menos tangíveis e menos reais para nós, motivo pelo qual só têm uma influência pequena nas nossas decisões. É mais difícil se conectar emocionalmente com um futuro abstrato do que com um presente real".

A grande questão é que, nas negociações, a vantagem de adotar uma postura mais eficaz não representa apenas uma escolha entre obter um benefício imediato ou futuro: não é como começar a poupar para a aposentadoria ou fazer uma dieta. Conduzir a negociação de forma construtiva — e não agressiva — aumenta as chances de conseguir, imediatamente, acordos melhores do que os projetados no início, como veremos adiante.

Enxergo a negociação como um processo em que os envolvidos buscarão encaixar interesses para encontrar soluções satisfatórias para ambos. É difícil mensurar se um dos dois ganhou ou perdeu. Eu posso ficar *satisfeito* com um acordo sem necessariamente ter vencido. Dessa forma, não é produtivo pensar na negociação como um jogo em que um ganha e o outro perde. O objetivo precisa ser satisfazer seus interesses. E entendo que permitir que outra parte satisfaça os seus, mesmo que apenas o suficiente para aceitar um acordo, é o melhor caminho para atingir esse objetivo. É preciso pensar na negociação como a *oportunidade* de construir soluções com as quais ambos concordem — já que a alternativa a isso seria algo imposto, forçado ou decidido por um terceiro.

É como disse William Ury em uma entrevista: "Negociar não é uma competição. Perguntar quem está ganhando uma negociação é mais ou menos como perguntar quem está ganhando num casamento. Não faz sentido".[7] O que está em jogo é tentar encontrar uma solução que atenda aos envolvidos.

É compreensível que gostemos de ganhar. O sabor da vitória é maravilhoso. Conseguir benefícios para si, para sua família, para a empresa é prazeroso. Contar histórias de sucesso alimenta o ego e deixa sede de continuidade. Mas alguém gosta de perder? De ser a pessoa derrotada, que fica sem nada, amargando prejuízo enquanto vê o outro, vitorioso, levando tudo para si? Quem deseja ser visto como fraco, inábil e perdedor? Ninguém gosta de perder, muito menos de ser derrotado com frequência pela mesma pessoa.

Quando seus parceiros de negócios percebem que não recebem vantagens nos acordos realizados, só continuarão se relacionando com você enquanto precisarem. Você pode ter certeza de que, assim que possível, buscarão alternativas para não dependerem mais de você. E que, quando as encontrarem, ainda tentarão alertar outras pessoas sobre sua postura — isso se não buscarem lhe dar o troco a qualquer custo, mesmo que precisem sacrificar recursos ou tempo para isso.

O sentimento de ser explorado faz aflorar nosso senso de justiça e o desejo de retaliação, compensação ou afastamento. Se sua estratégia de negociação consiste simplesmente em colecionar vitórias sobre os outros, ela não será sustentável. É impossível manter hegemonia absoluta nos negócios. Pode ser que você já esteja experimentando os efeitos negativos disso, mesmo sem perceber. Ou talvez a conta ainda não tenha chegado. Mas ela chegará, seja na forma de perdas financeiras, seja como o afastamento de pessoas importantes.

Muitos acreditam que o caminho para fugir do jogo ganha-perde seja focar no empate ou em uma vitória mútua, o ganha-ganha. Só que é preciso corrigir algumas falhas de entendimento em relação a esse termo. Embora possa parecer uma solução equilibrada, na qual ambos ganharam um pouco ou cederam em algo, o ganha-ganha puro e simples pode apresentar uma grande falha de visão em relação ao real potencial de uma negociação. Um bom exemplo é a história do casal que ia para uma festa:[8] O homem queria ir com o sapato preto e a esposa sugeriu que ele fosse com o marrom. Seguiram discordando e, como não convenceram um ao outro, decidiram pela solução "nem você nem eu". Ele foi com um sapato preto em um pé e um marrom no outro. Essa solução foi a pior que poderiam ter escolhido, já que não atendia aos interesses de nenhum dos dois. Um resultado ótimo não se encontra no meio do caminho entre as demandas iniciais de cada um. Soluções que simplesmente acomodam posições, com cada um abrindo mão de sua posição inicial para chegar ao meio-termo, não são inteligentes — e, em geral, são preguiçosas.

Como considero que expressões como ganha-perde e ganha-ganha podem gerar interpretações imprecisas, prefiro deixar as palavras vitória, derrota, ganhar e perder para jogos em geral e usar termos como satisfação de interesses, atingimento de objetivos ou obtenção de resultados.

Mudando o jogo

É possível romper esse ciclo e tornar as negociações mais produtivas do que um mero cabo de guerra, em que cada um apenas tenta puxar o outro para o seu lado. Quando eu era responsável pelas exportações da Compactor — tradicional indústria brasileira do segmento de artigos de escrita —, tinha como missão abrir mercados no exterior. Em uma feira internacional, conheci o dono da maior produtora de cadernos do Paraguai, com centros de distribuição em diversas regiões. Isso gerava ótimo potencial de sinergia conosco. Após um excelente contato inicial, tivemos outras conversas, conheci sua estrutura e, em paralelo, os paraguaios fizeram um estudo minucioso de preços para avaliar nossos produtos. Passadas algumas semanas, recebi um e-mail com informações dessa análise e a conclusão de que precisaríamos baixar os preços em 8% para sermos competitivos no país.

Essa notícia foi um balde de água fria, pois na época não havia margem para redução. A cotação do dólar estava muito mais baixa do que no início do projeto de exportações, e vínhamos nos sacrificando para manter a competitividade no mercado. Conversei com a diretoria sobre abrirmos uma exceção à diretriz de "zero desconto" (se conseguisse pelo menos 3%, convenceria o cliente a fazer um esforço para avançarmos). Depois de muita discussão, me autorizaram a dar 1% de desconto por acreditarem no potencial do cliente.

Expliquei aos paraguaios que não tínhamos como oferecer mais do que isso. Mostraram-me o estudo, que de fato parecia bem embasado. Sinalizaram que estavam flexíveis e que poderiam renunciar a 2% de margem, mas que não viam formas de distribuir e desenvolver a marca no país sem chegarmos ao preço sinalizado.

Voltamos à estaca zero. O cliente precisava de um desconto de 8%, que nós não conseguíamos dar. Eu até reduziria minha margem em 1% e ele em 2%, mas ainda assim teríamos 5% de diferença em relação ao ponto ideal. Mesmo de forma amistosa e transparente, chegamos a um impasse. O sentimento nas empresas foi de frustração, mas ficamos resignados por achar que havíamos tentado tudo o que seria possível.

Já presumindo a perda do negócio e lamentando o desperdício de uma parceria com potencial, resolvi me aprofundar na questão. Para isso, fiz uma simples pergunta, que muitas vezes deixamos de fazer: "Por quê?". "Por que não seria possível distribuir e desenvolver a marca no país? Entendi a planilha, mas, por curiosidade, queria entender qual seria o principal obstáculo." Ele me explicou que um forte trabalho inicial de marketing era feito para "tornar as marcas conhecidas no país e fazer os consumidores testarem os produtos". A empresa costumava investir na contratação de promotoras e professoras para divulgar novos produtos em dezenas de escolas.

Não tínhamos dinheiro para financiar a ação, mas poderíamos ajudá-los de outra forma. Junto ao nosso departamento de marketing, destinamos milhares de amostras de produtos para o Paraguai. O desafio era fazer as canetas chegarem sem custo aos alunos locais, então tivemos a ideia de usar os cadernos que a própria empresa paraguaia produzia como veículo para isso. Encartamos amostras de canetas nos cadernos e usamos a contracapa para colocar uma sutil mensagem promocional, além de um desenho para as crianças colorirem. Era uma forma mais barata e eficaz de atingir o público-alvo. E assim fizemos: fechamos o negócio, a divulgação deu certo e a distribuição no país se consolidou nos anos seguintes. A estratégia inclusive foi replicada pela empresa de cadernos na introdução de outras marcas naquele mercado.

Essa solução bem-sucedida para o impasse me fez enxergar, pela primeira vez, que eu havia perdido alguns anos "jogando o jogo errado". Não sou uma pessoa agressiva e sempre tratei meus interlocutores de forma respeitosa e profissional, mas achava que a negociação envolvia apenas trocas bilaterais para acomodar as demandas de cada pessoa. Dava muito peso ao que o outro dizia e tentava convencê-lo a flexibilizar sua posição para se aproximar das minhas necessidades. Ou cedia um pouco para chegar ao meio do caminho e alcançar um acordo com o qual ambos pudessem conviver.

Esse episódio me ensinou que toda negociação pode ser um quebra-cabeça em que cada pessoa detém algumas peças e ambas precisam encaixá-las da melhor forma possível.

Mesmo que de um jeito gentil, o cabo de guerra é sempre uma "disputa" — que termina quando uma pessoa consegue "puxar" a outra para o seu lado ou quando ambos entendem que não fará mais sentido colocar energia no jogo, seja por não conseguirem avançar, seja por terem chegado a um equilíbrio de forças. Pode até funcionar para resolver conflitos simples, mas quanto mais cordas puxam em direções diferentes, mais impraticável fica.

Um quebra-cabeça pode ser jogado lado a lado ou frente a frente. No entanto, o problema a ser resolvido é sempre o mesmo: construir uma imagem — a solução, com o encaixe perfeito de diversas peças. A colaboração das partes na resolução pode permitir uma construção rápida e completa, revelando o total da imagem até então escondida em peças individuais. Ou ela pode ser lenta e truncada, fazendo com que os participantes desistam de tentar ou apenas produzam uma mera porção da imagem a que se poderia chegar.

Para demandar a contribuição do outro nessa montagem, é preciso convencê-lo da beleza única que essa combinação pode gerar. Cada um precisará *crer* para *ver*. Quanto mais evoluírem, depositando as peças de forma sincronizada e vendo a imagem se formar, mais confiança e impulso terão para seguir nesse movimento, criando algo maior do que havia no início e com muito mais valor do que as peças retidas teriam isoladamente.

Após a montagem do quebra-cabeça, os envolvidos precisarão decidir como ele será dividido. Na prática, todas as negociações envolvem ações conjuntas de criação de valor e ações individuais, competitivas, de apropriação do valor criado. A questão é que, se executadas na fase inicial da negociação, as ações competitivas impedem o desenvolvimento das ações de criação. Toda negociação possui dois momentos críticos: a criação de valor e a distribuição do valor criado. Esse é o grande *dilema do negociador:*[9] colaborar com o outro para criar valor ou se proteger para tentar obter uma maior fatia para si? Como veremos ao longo do livro, a administração produtiva dessa tensão é essencial para superar impasses e gerar acordos mais eficazes.

A escolha do jogo a ser jogado é mais importante do que os movimentos do jogo em si. Segundo os professores Deepak Malhotra e Bazerman, não se trata de altruísmo, mas de criar valor da melhor e mais inteligente maneira possível. "Mesmo os negociadores que se preocupam apenas com os próprios interesses precisarão contar com os outros para satisfazer suas necessidades", eles nos lembram.[10] Por isso, é preciso se esforçar para conhecer o outro lado, descobrir sua real necessidade e, a partir disso, criar valor para ambas as partes.

PRIMEIRO PILAR: POSTURA

O real problema a ser resolvido

Um grande obstáculo quando se negocia é deixar que o processo se torne uma mera discussão das soluções prontas que cada um trouxe para a mesa em vez de buscar descobrir o real problema a ser resolvido e então criar soluções viáveis em conjunto.

Quando coordenei o projeto de abertura de lojas-conceito de uma marca brasileira, contratei um ótimo escritório de arquitetura para desenvolvê-lo. Na reunião com o primeiro shopping, surgiu a demanda de apresentarmos um layout do projeto para entenderem o conceito. Como ainda não tínhamos nenhuma loja aberta, alinhamos com as arquitetas o desenho de uma planta provisória que seria adaptada ao formato final, quando definido.

Por uma série de questões, o projeto ficou congelado por um ano. Quando por fim conseguimos um ponto para a loja em um shopping, seu formato era completamente diferente do perfil pré-definido. Para a marca isso seria até melhor, mas pouco do que foi projetado a princípio seria aproveitado. Solicitamos às arquitetas os ajustes e, para nossa surpresa, a resposta foi que, por ser um formato muito diferente, tratariam como um novo projeto.

Recomeçar o trabalho do zero custaria o dobro do serviço de ajuste, e simplesmente não tínhamos essa verba. Para complicar ainda mais a questão, o sucesso dessa primeira loja seria determinante para a decisão sobre uma expansão. O que se viu a seguir foi cada parte tentando convencer a outra do seu ponto de vista. Buscávamos argumentos racionais para justificar nossas classificações e ambos ficavam cada vez mais convencidos de que estavam certos. No entanto, para elas, o projeto sem execução não tinha valor algum; para nós, a contratação de outro escritório representaria perda de tempo e dinheiro.

A sócia do escritório me ligou disposta a conciliar — mas com restrições, já que o volume de trabalho seria grande. Também tínhamos sérias limitações orçamentárias. Nenhum dos lados seria capaz de ceder à demanda do outro. Quando conversamos, ficou claro que elas tinham interesse em chegar a um acordo, pois essa seria a primeira loja-conceito de uma marca relevante. Além do mais, vislumbravam a possibilidade de realizar diversas lojas conosco no médio prazo. Ao ouvir isso, percebi que o nosso problema não era estabelecer se aquilo se tratava de um ajuste de projeto ou de um projeto novo. O real problema era como executá-lo e abrir a loja com o menor custo possível para ambas as partes. Quando enxergamos esse ponto, nossas energias se voltaram para lutarmos *juntos* contra o problema.

Buscamos contribuições conjuntas para reduzir o custo de execução. Algumas etapas poderiam ser executadas por arquitetos júnior e outros trabalhos que seriam terceirizados poderiam ser contratados diretamente por nós. Demandas que tínhamos negociado, mas que não eram tão importantes, foram repensadas. Em linhas gerais, analisamos o que seria possível ser dispensado — aquilo que não agregava e o que poderíamos assumir internamente ou substituir — para reduzir custos. No fim, pagamos o preço equivalente a um ajuste de projeto, mas o custo para elas foi inclusive menor do que o previsto de início. Por outro lado, suas contribuições reduziram consideravelmente o custo de execução. Depois disso, fizemos vários outros projetos em conjunto.

Nesse exemplo, fica claro que, enquanto estávamos tentando impor nossas posições de forma rígida, elas se tornaram inconciliáveis. A partir do momento em que nos aprofundamos para entender quais eram os interesses e as necessidades não atendidas dos dois lados, ficou mais fácil identificar o real problema a ser resolvido e, então, buscar soluções satisfatórias para ambas as partes.

O mais comum é irmos para a mesa de negociação já visualizando a forma como o problema deverá ser resolvido. No entanto, antes de começar a conversa com o interlocutor, estamos apenas vislumbrando a solução desejada, que não necessariamente é a única possível. Impor um desfecho ideal não explora todo o potencial que as interações humanas podem gerar, pois desconsidera que o outro sem dúvida conhece bastante o próprio lado e pode oferecer formas criativas de resolver o mesmo problema. É preciso considerar que sempre existem outros caminhos — às vezes melhores ou mais curtos — para chegar ao mesmo lugar. Ser flexível na negociação não significa abrir mão dos seus interesses, mas estar aberto a alcançá-los de maneiras distintas das que você previu. Você pode até ser rígido nos seus objetivos, mas precisa ser flexível para chegar a eles.

    William Ury tem um caso interessante envolvendo o empresário Abilio Diniz e o grupo francês Casino. A história ilustra a importância de refletir sobre seus reais interesses, necessidades e objetivos em vez de levar uma solução pronta para a negociação e se manter agarrado a ela. Conforme conta em sua palestra TEDX, ele havia sido convidado para ajudar a resolver uma disputa legal entre eles pelo controle do gigante varejista Pão de Açúcar.[11] A disputa já durava dois anos e meio, de forma custosa e estressante tanto para os envolvidos quanto para suas famílias e para os 150 mil funcionários da empresa. Ury se sentou com Diniz e ouviu sua história. Em dado momento, perguntou: "Abilio, me ajude a entender. O que você quer de fato?". Ele disse: "Bem, eu quero as ações a um preço x, a sede da empresa, a eliminação da cláusula de não concorrência...", e continuou listando suas demandas. Ao ouvir, Ury percebeu algo mais profundo, que não estava sendo dito. Então disse: "Abilio, você parece ter tudo. O que isso realmente lhe trará? O que você ainda quer na vida?". O empresário parou por um momento e refletiu. Por fim, respondeu: "Liberdade. Eu quero minha liberdade. Quero ser livre para perseguir meus sonhos empresariais. Quero ser livre para passar mais tempo com minha família." Aí estava. Passou a ouvir o ser humano por trás das palavras, não apenas o homem de negócios bem-sucedido. Ao descobrir as reais necessidades, a negociação, embora ainda desafiadora, tornou-se muito mais fácil. Em apenas quatro dias, Ury e seus colegas conseguiram resolver essa disputa complicadíssima com um acordo que deixou os envolvidos muito satisfeitos. Tempos depois, Abilio revelou a Ury: "Consegui tudo o que queria. E o mais importante, consegui minha vida de volta".

    Ao se deparar com demandas inconciliáveis, negociadores habilidosos percebem que é preciso dar um passo atrás na discussão simplista "quero isso/quero aquilo", "se não for assim, não dá" e mergulhar de forma mais profunda em qual seria o real problema a ser resolvido. Pode ser que nem seja uma questão objetiva, mas uma necessidade humana como se sentir ouvido, ser respeitado ou ter autonomia para tomar uma decisão. Essa descoberta pode ser feita por meio de perguntas do tipo "por que isso é tão importante?", "por que você acredita que precisa ser assim?", "por que não tentamos seguir por aqui?", "e se tentássemos fazer de tal forma?".

A resposta a essas perguntas pode gerar informações valiosíssimas para entender melhor a questão que está amarrando a discussão, ou seja, os interesses, necessidades, restrições e perspectivas dos outros. As posições de cada parte podem estar muito distantes uma da outra, mas, ao ir mais fundo na questão, é possível que eles sejam conciliáveis. Por trás de posições incompatíveis, pode haver interesses e necessidades compatíveis, como bem ilustra a imagem abaixo.

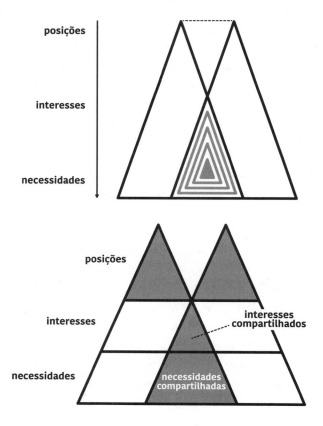

Portanto, se você sentir que está num beco sem saída durante uma negociação, não persista nas velhas posições, que já devem ter sido muito bem explicitadas por ambas as partes. Olhe para o lado, veja o que pode aprender com o seu interlocutor e, a partir dessas novas informações, procure uma rota melhor para chegar a seu destino. Insistir em um caminho específico reduz consideravelmente as opções.

Outro exemplo que ilustra bem essa questão é um conflito entre a família de um indígena norte-americano moribundo e os funcionários do hospital em que ele estava internado.[12] A família queria acender uma fogueira no quarto para realizar um ritual de passagem, o que o hospital proibiu terminantemente. Um impasse foi criado, com ambos insistindo em suas posições. Ao tentar entender quais os interesses das partes, ficou claro que a família "queria queimar algumas ervas como parte de um ritual de passagem do familiar para o outro mundo". O interesse dos funcionários do hospital era "garantir a segurança de todos no prédio e evitar o disparo de alarmes". Nesse momento, identificaram que seus interesses poderiam ser conciliáveis. Negociaram uma pequena fogueira na pia do banheiro do quarto, com supervisão da equipe de segurança. O ritual foi realizado sem risco de incêndio.

As discussões costumam envolver demandas explícitas e interesses implícitos. Não se apegue a *o que* está sendo dito; busque identificar o *porquê* — o que pode estar nas entrelinhas. Demonstre também que você não está amarrado ao que propôs inicialmente. Ofereça um panorama geral sobre seus reais interesses, convidando o outro lado a também revelar os seus. Se houver relutância, tente expressar o que você entendeu como sendo os principais interesses do outro. Mesmo que você não acerte, ele terá prazer em corrigi-lo, expondo assim importantes informações. Quando percebemos que nossas demandas foram reconhecidas, costumamos nos abrir para considerar outras soluções.

Não existe "é problema deles"

Na busca para descobrir o problema a ser solucionado, é muito tentador nos preocuparmos apenas com as nossas questões e deixarmos de lado os interesses do outro. Na prática, você só conseguirá resolver o seu problema se o outro conseguir — mesmo que minimamente — resolver o dele.

Em meio à crise da covid-19, uma amiga, que é gerente financeira de uma empresa, estava com dificuldades para pagar suas contas. Sustentava a casa sozinha e teve o salário reduzido em 50%. Na reunião de condomínio em que havia a expectativa de que as taxas fossem reduzidas — em linha com o que vários prédios estavam praticando —, o síndico anunciou que o valor do boleto do mês seguinte seria, na verdade, aumentado para cobrir a alta inadimplência do mês anterior. A primeira reação foi de revolta. Ela, que tinha voz ativa junto aos condôminos, começou a articular formas de pressionar o síndico, ameaçando um boicote coletivo ou a substituição dele no cargo. Nessa discussão, o gestor tentava demonstrar, detalhadamente, que a conta não fechava e que não tinha como conceder qualquer desconto. Mas os condôminos, revoltados, diziam que "ele tinha que se virar"; ele era o síndico e essa redução "era problema dele", que "teria que dar um jeito".

Nas negociações, sobretudo quando há muita carga emocional, é comum que restrições alheias sejam ignoradas. Tentamos impor nosso ponto de vista ou nossas demandas com atitudes de poder (ameaçar abandonar a negociação, se mudar, largar o emprego, nunca mais comprar) ou de justiça (isso não é justo, ninguém está fazendo assim, sempre fiz desse jeito). A questão é que essas ações quase nunca são suficientes para resolver os obstáculos que a outra parte enfrenta. Quando não puderem cumprir o que você está exigindo, a insistência nesses movimentos apenas o conduzirá a um impasse ou a soluções insustentáveis, provisórias ou apenas minimamente satisfatórias. Mesmo que pareça contraintuitivo, buscar um entendimento profundo de quais são as restrições alheias é valiosíssimo para resolver o problema de todos os envolvidos na negociação.

No caso do síndico, minha amiga percebeu que ele não tinha nem experiência nem habilidade em renegociação com fornecedores e corte de custos, mas não admitiria isso, para evitar que sua imagem de bom gestor do prédio fosse impactada. Com bastante tato, ela se ofereceu para compartilhar práticas que sua empresa vinha adotando com sucesso durante a crise e disse que seria um prazer unir forças para conseguir implementá-las no condomínio, já que nesse momento sem precedentes era importante quebrar paradigmas. Juntos, os dois conseguiram reduzir 35% dos custos condominiais para os três meses seguintes. Acertaram que repassariam 25% como desconto para os condôminos e 10% ficariam como fundo de reserva para compensar a inadimplência.

As restrições podem ser *objetivas* (comprometimento com outra pessoa, uma ordem ou apenas falta de recursos) ou *intangíveis* (insegurança, ego, medo ou orgulho). Seja qual for o obstáculo, só conseguiremos satisfazer plenamente nossos interesses se nos preocuparmos em entendê-lo e em ajudarmos nosso interlocutor a superá-lo.

Essa estratégia é eficaz por vários motivos. Primeiro, gostamos de nos sentir ouvidos e apreciados. Deixar que o outro fale e tentar de fato entender suas questões é a concessão mais barata que podemos fazer. E entender uma questão não quer dizer que concordemos com ela. Significa que identificamos o ponto de partida para tentar persuadir o outro ou ajudá-lo a superar obstáculos. Perceba que o outro dirá *sim* pelos motivos dele. Nossa estratégia na negociação precisa partir dessa premissa: quais desafios me separam de um acordo? O que distancia o ponto de onde estou hoje do lugar aonde quero chegar?

Superar entraves em uma negociação é tarefa conjunta. Precisamos entender os interesses, necessidades e restrições dos outros. Saber quem influencia suas decisões, a quem ele já prometeu algo, quem precisa convencer, como funciona a tomada de decisão em sua empresa e a forma como quer ser visto. É preciso entender *como* o que estamos oferecendo atenderia aos interesses da outra pessoa e porque seria melhor do que suas alternativas externas. Também é importante tentar imaginar como ele conseguiria "vender o acordo" para quem importa. Qualquer insight que consigamos obter nesse sentido é válido.

Certa vez, eu estava organizando uma convenção corporativa, que ocorreria em um resort a cem quilômetros do Rio de Janeiro. Na véspera do evento, os brindes contratados ainda não haviam sido entregues. Depois de ser mais uma vez cobrado, o fornecedor disse que só conseguiria terminar a produção na manhã seguinte, poucas horas antes da convenção, que seria realizada à tarde. Furiosa com a resposta, a coordenadora do evento falou para ele se virar ou nunca mais forneceria para nossa empresa. Depois me olhou com aquele ar de "agora está resolvido", e assim encerramos o dia.

Na manhã seguinte bem cedo, liguei para o fornecedor. Ele tentou me tranquilizar dizendo que tudo daria certo, mas percebi que estava tão imerso na finalização dos itens que não tinha pensado em como fazê-los chegar até nós. Compartilhei a preocupação com a coordenadora e ela disse que isso era problema dele. A grande questão era que o problema dele, caso não fosse resolvido, se transformaria em um enorme problema para mim. E simplesmente não contratar o trabalho dele nunca mais ou cobrar uma multa pelo atraso tampouco resolveria meu problema imediato — afinal, eu precisava dos brindes. Em vez de ameaçá-lo, perguntei onde ficava a empresa e me dei conta de que um dos funcionários que participaria do evento morava no mesmo bairro. A solução, então, se apresentou: nosso funcionário topou passar no fornecedor no trajeto para a convenção. Problema resolvido.

Até chegarmos a essa solução, corremos sério risco de ficar sem brindes para o evento. O fornecedor estava tão pressionado que teve medo de adicionar mais um problema à discussão confessando que, além de estar com a produção atrasada, não tinha considerado a questão da entrega. Nessas situações, por mais que se sinta tentado a aumentar a pressão, é preciso fazer com que seu interlocutor sinta abertura para dialogar. Se criamos um ambiente de segurança, teremos maiores chances de ouvir a verdade e, com isso, obter um panorama concreto da situação para agir de forma mais eficaz.

Ignorar um problema não faz com que ele desapareça. E, quanto menos prazo tivermos, mais precisaremos nos envolver para tentar entender os obstáculos com clareza. Claro que depois de resolvida a questão principal, podemos ajustar a condição comercial — cobrando uma multa ou abatendo os custos incorridos para resolver o problema no momento de urgência, por exemplo — e discutir formas para prevenir que algo do tipo volte a acontecer.

PRIMEIRO PILAR: POSTURA

Fermento na torta

Voltemos, agora, ao mito da torta fixa. A torta fixa representa a visão de impotência dos negociadores frente às negociações ao não vislumbrarem outro caminho além de *decidir como os recursos escassos serão divididos*. Enxergam uma torta de tamanho fixo e acreditam que sua tarefa se resume a disputar quem ficará com a maior porção (ou aceitam, por fim, dividi-la igualmente), sem perceber que na absoluta maioria dos casos é possível criar valor, ou seja, fazer essa torta crescer. Seguindo essa analogia, a melhor forma de fazer a torta crescer é adicionar fermento nela.

Na prática, isso se faz ao adicionar variáveis à negociação. Em uma transação comercial, por exemplo, o vendedor oferece seu produto a dez reais por unidade. O comprador precisaria pagar nove reais. Se eles transacionarem apenas em valor monetário, qualquer redução sobre os dez iniciais significará uma perda para o vendedor e um ganho na mesma proporção para o comprador. Mas o preço é apenas uma variável da equação. Qual será a quantidade comprada? (Uma peça, dez, cem ou mil?) Como esse valor será pago? (À vista ou parcelado, com ou sem sinal?) Em quantas parcelas? Farão outras transações? É possível antecipá-las? A entrega será imediata? O frete será grátis? Qual é o prazo de garantia? Como funciona o suporte pós-venda? Existem diferentes níveis de qualidade do produto? Haverá contrato de exclusividade? Ao adicionar algumas dessas variáveis, diferentes combinações com benefícios específicos são ativadas. Uma fórmula simples demonstra a vantagem dessa estratégia:

MAIS ITENS = MAIS MOEDAS DE TROCA

Quando se aumenta o tamanho da torta, maior é o potencial de se obter uma grande fatia. Como afirmei no livro *Pare de ganhar mal*,[13] quanto mais formas de pagamento você aceitar, mais chances terá de ser pago. Quando tratamos de apenas uma variável, normalmente do valor financeiro nominal, é provável que a negociação vire uma barganha simplista, em que não se explora todo o potencial de criação de valor. Em uma negociação salarial, por exemplo, o funcionário deve considerar o pacote total de remuneração e benefícios em vez de dar foco estreito ao salário nominal, já que detalhes no pacote podem fazer toda a diferença para ele e serem mais fáceis de aprovar na empresa.

Vejo pessoas comparando salários sem dar o devido peso ao número de salários anuais, bonificações, reembolsos, cursos grátis, possibilidade de crescimento, local e formato de trabalho (presencial, remoto ou híbrido), flexibilidade e carga horária — fatores determinantes para a satisfação em relação ao emprego. Ao comparar propostas, todos os benefícios tangíveis e intangíveis de cada uma devem ser considerados, além de ser feita uma reflexão sobre como esses aspectos se relacionam com seu momento de carreira.

À medida que outros itens são adicionados à negociação, mais oportunidades surgem, já que é possível aproveitar a diferente valorização que os negociadores dão a cada item. As pessoas têm tendência a presumir que os envolvidos têm as mesmas preferências sobre os itens em discussão — o chamado "efeito do falso consenso". Isso inibe a tentativa de utilizar potenciais trocas inteligentes, ou seja, trocas de baixo custo para um que geram alto benefício para o outro. Não percebem que, na prática, indivíduos têm necessidades, restrições e demandas bem diferentes. Em transações comerciais, algumas pessoas preferem pagar menos agora (se houver um desconto) e outras preferem parcelar a perder de vista mesmo que custe um pouco mais, pois não dispõem do dinheiro naquele momento. Alguns valorizam excelência no serviço e maior previsibilidade por meio de garantia estendida; para outros, baixo custo é o principal motivador.

É melhor considerar que você pode aumentar a torta mesmo que depois descubra que não era possível fazê-la render mais fatias do que presumir que a torta seja fixa e nunca descobrir que estava errado. Além de possibilitar a criação de valor, a estratégia de acrescentar variáveis também pode resolver impasses, já que as negociações podem ser mais fáceis quando se está discutindo por mais de um motivo, por menos intuitivo que pareça. Quando só há uma questão na mesa e está difícil enxergar como ambos os lados obteriam o que querem, pelo menos um dos dois vai acabar se sentindo perdedor. Talvez a outra pessoa já tenha percebido que deveria aceitar sua proposta, mas precisa de algo para "vender" internamente como uma "vitória". Nessas situações, vale colocar outras questões em jogo, assim ambos os lados podem voltar para casa com algo. Ao adicionar um item que não é tão importante para você, o outro poderá usar isso para criar um discurso de que "conseguiu extrair uma concessão" e defender o acordo para seu chefe, cônjuge ou outras pessoas com as quais ele se importa.

Na crise causada pela covid-19, presenciei ótimos exemplos da estratégia de adicionar variáveis. Para muitas pessoas, negociações de desconto de aluguel envolveriam a mera discussão de qual seria o percentual de redução por uma quantidade determinada de meses. Seguindo essa linha, observei impasses que resultaram na saída do inquilino, inadimplência e risco de futura ação judicial. Para outras, essa foi uma oportunidade de ampliar o escopo da negociação, explorando os diferentes interesses e necessidades dos envolvidos. Vi casos em que foi negociado abater o depósito caução como pagamento do aluguel por alguns meses. Outros locadores aceitaram redução de parte do aluguel com parcelamento desse montante no final do contrato. Vi uma proprietária que tinha inquilino do setor de alimentação aceitando permuta de produtos para abater parte do aluguel. Houve quem conseguisse isenção temporária do aluguel, com a condição de que o locatário fizesse uma obra ao final do contrato. Ou de um desconto no aluguel condicionado ao aumento do prazo de locação.

Muitos negociadores consideram que acrescentar itens poderia complicar o processo, mas não percebem que simplificar demais acaba inviabilizando negócios. Adicionar algumas variáveis é sempre melhor do que trabalhar com apenas uma. Naturalmente, quando há excessivas variáveis, acontece a chamada paralisia da decisão.[14] Opções demais nos levam à paralisia (a não tomar decisão alguma) ou à frustração (a uma insatisfação com a escolha feita e o eterno questionamento sobre se não seria melhor ter tomado outra decisão). Por isso, dar três opções de escolha ao interlocutor em uma negociação é melhor do que oferecer dez. Em questões do dia a dia, adicionar até cinco itens ao escopo de discussão é algo seguro, que não complicará o desenrolar do acordo.

E quando não for possível aumentar a torta?

Em alguns casos, a discussão se resumirá a apenas um item e não haverá outras variáveis relevantes que tenham potencial para resolver um impasse. Nessas situações, um bom caminho é tornar esse item divisível. Por exemplo: se a restrição para contratar um serviço for limitação de orçamento, uma solução pode ser realizar parte do pagamento agora e o restante no próximo ciclo orçamentário. Ou fazer com que parte do pagamento seja abatido de receitas futuras em forma de comissão, participação de lucros ou simplesmente postergação do recebimento.

A autora Shirli Kopelman corrobora essa visão, sugerindo que, quando você se encontrar numa disputa em relação a preço, deve se perguntar: "Onde está meu martelo?".[15] Ao quebrar o preço em componentes menores, múltiplos itens negociáveis serão gerados e a flexibilidade para reagrupá-los de diferentes maneiras pode gerar valor para ambos.

Um bom exemplo é de quando eu estava dando treinamento para uma empresa de comunicação. Durante um momento de crise, um importante cliente para o qual eles prestavam serviço de assessoria demandou 10% de desconto no valor mensal contratual, pois estava com queda de receitas. Como era um cliente com grande representatividade, o grupo ficou apreensivo com o pedido e não enxergou outro caminho além de aceitar ou tentar barganhar para reduzir esse desconto a algo em torno de 5%. Quando compartilharam a questão comigo, ficou claro que o problema não era "aceitar ou não os 10% de desconto". A questão era "como tornar o contrato viável para ambos, sem impacto relevante na qualidade do serviço". Minha primeira pergunta foi: "qual é a principal contraprestação desse contrato?". Eles disseram: "Contratualmente, temos que prestar vinte horas semanais de serviço presencial". Sugeri que tentassem vincular esse desconto à redução das horas de serviços prestados. No entanto, o cliente se manteve rígido na demanda pelas vinte horas semanais.

Usei então a estratégia de "quebrar" esse item (no caso, as horas) em partes menores. Sugeri que quinze horas fossem presenciais e cinco, remotas. Também propusemos que uma parte das horas fosse prestada por um profissional sênior e o restante (de serviços menos críticos) executado por um profissional mais júnior. Em vez de terem um suporte de atendimento ao cliente dedicado só a eles, passariam a compartilhá-lo, já que usavam pouco o serviço. Esses ajustes viabilizaram a redução de preço solicitada pelo cliente sem sacrificar a margem da empresa de comunicação.

Pais e mães são mestres nessa estratégia. Se só há um aparelho de televisão e dois filhos querem assistir a programas diferentes, eles definem que um escolha a programação hoje e outro amanhã, ou que intercalem a cada meia hora. Se dois filhos (com idade apropriada) querem viajar no banco da frente do carro, um pode se sentar na ida e o outro, na volta. Na disputa de pais separados sobre quem passará o Natal com os filhos: a mãe pode passar a ceia do dia 24 e o pai, o almoço do dia 25, alternando isso ano a ano. Tornar itens divisíveis é uma habilidade essencial para lidar com recursos escassos. As possibilidades são infinitas, mas dependem de criatividade e do estabelecimento de um ambiente minimamente cooperativo para que se aproveite as diferentes prioridades que as pessoas atribuem a cada item. Mesmo que seu interlocutor esteja fechado a novas ideias, querendo apenas impor as soluções prontas que trouxe para a negociação, é possível despertar sua atenção e interesse ao apresentar soluções criativas. Por mais que não admita, ele perceberá que é algo vantajoso para ele, e, muitas vezes, melhor até do que ele esperava.

Mentalidade de criação de valor

Não importa se a pessoa do outro lado da mesa é seu melhor amigo, o amor da sua vida ou seu pior inimigo. Em qualquer desses casos, é desejável que seja criado mais valor na negociação do que existia antes. É sempre melhor distribuir uma torta maior — e adicionar variáveis é a forma mais usual para viabilizar trocas inteligentes. Ao concentrar a disputa em apenas um aspecto, qualquer solução que represente vantagem de um lado dependerá de uma desvantagem proporcional para o outro.

Há mais de cem anos, Mary Parker Follet, autora visionária que recebeu a alcunha de "profetisa do gerenciamento", já defendia a busca pela integração de interesses, base da visão desenvolvida posteriormente pelo Programa de Negociação de Harvard. Para criar valor, precisamos:[16]

- descobrir o real problema a ser resolvido;
- adicionar variáveis;
- tornar itens divisíveis para reagrupá-los;
- buscar soluções criativas.

Vale reforçar que o objetivo da integração não é ajustar demandas para chegar a um acordo com o qual ambos possam conviver, mas sim criar uma solução que satisfaça os interesses de ambos de forma melhor do que conseguiriam isoladamente. A criação de valor necessita de inventividade. Assim, se o resultado da negociação for apenas uma acomodação das propostas iniciais de cada um via concessões mútuas, você não criou valor, apenas diluiu o desperdício de recursos entre os envolvidos. Essa pode ser uma solução mais rápida para chegar a acordos simples, mas também pode ser um caminho direto para cair em um impasse. Começar a negociação discutindo demandas, antes de dialogar sobre opções criativas, pode dificultar o desenvolvimento de soluções mais vantajosas para ambos. Otimizar trocas é o eixo central da negociação.

SEGUNDO PILAR
Preparação

O SEGUNDO PILAR POTENCIALIZA A CRIAÇÃO DE VALOR e a identificação de ótimas soluções para impasses. Quando enxergamos a negociação como um processo construtivo, nos dedicamos antes de tudo a identificar elementos que lhe sejam úteis e, assim, aumentamos as chances de alcançar nossos objetivos.

A quantidade de itens a serem contemplados na preparação pode parecer infinita se formos listar todos os pontos que precisaríamos ter em mente ao negociar.[1] Tentar prever todos os cenários pode nos deixar confusos e desestimular a preparação. Assim, é preferível **realizar** uma *breve e efetiva* preparação a apenas **idealizar** uma *extensa* preparação.

Preparação ou improviso?

A falta de preparativos prejudica a negociação. Ainda assim, 62%[2] dos brasileiros não se preparam para negociar, pois acreditam que experiência, jogo de cintura, inteligência e intuição são suficientes para atuarem bem em qualquer situação.

É errado pensar que a intuição pode substituir a preparação. Podemos combinar a intuição com o processo decisório consciente e sistemático. Ela é uma forma inconsciente de inteligência, baseada no acúmulo de experiências e de informações.[3] Muitas vezes sentimos que sabemos intuitivamente a resposta de algo, mesmo sem conseguirmos identificar a origem dessa sabedoria. Desta forma ao mesclar preparação com intuição, potencializamos nossa tomada de decisão. Nunca será ruim estar bem preparado para a negociação. O problema é confundir preparação com rigidez, ou seja, ficar amarrado demais a um plano que se revele ineficaz durante a execução.

Por que muitos deixam de se preparar?

Enxergo três motivos principais:

- Não acham a preparação importante;
- Não sabem como se preparar;
- Alegam não ter tempo.

A falta de preparação estreita os horizontes de quem negocia. Para buscar trocas inteligentes e criar valor, é preciso ter clareza em relação aos interesses dos envolvidos. Iniciar uma negociação sem uma visão clara dos seus interesses e possíveis alternativas pode fazer com que as opções propostas pelo seu interlocutor lhe pareçam melhores do que realmente são e você acabe fechando um acordo ruim.

Quanto a não saber como fazer, reconheço que carecemos de dicas simples, práticas e eficazes para nos prepararmos melhor. Diversos checklists disponíveis como ferramentas de preparação são pouco convidativos para o uso no dia a dia. É difícil tê-los à mão a todo momento e torna-se complicado lembrar os diversos elementos que contemplam. Meu objetivo é facilitar essa tarefa, transmitindo aspectos essenciais que você consiga avaliar rapidamente para nortear sua atuação.

Já a falta de tempo é relativa. Reconheço que sobra pouco tempo para encaixar atividades na correria cotidiana, mas se algo é importante a ponto de você negociar, também deveria ser relevante para que dedicasse um tempo a se preparar — nem que seja por cinco minutos.

Preparação simplista versus preparação eficaz

Muitas vezes nos consideramos prontos para negociar simplesmente por termos estabelecido um valor-alvo (nossa meta) e um limite mínimo absoluto que estaríamos dispostos a aceitar. Com isso, tentamos "vender caro" qualquer concessão para obter um acordo que fique em algum lugar entre dois pontos pré-definidos.

Quando focamos em apenas uma variável, é provável que a negociação se transforme em um cabo de guerra. Para montar um quebra-cabeça, é essencial a identificação e o entendimento das diversas variáveis que o compõem.

Certa vez, um amigo me ligou pedindo um conselho. Seu filho, que está no espectro autista, fazia duas sessões de fonoaudiologia por semana, ao custo de 120 reais cada. Inesperadamente, recebeu um e-mail da secretária da fonoaudióloga lhe informando que a sessão passaria a custar 180 reais. Irritado, desabafou comigo sobre mudanças recentes na postura da profissional. Após encaixar o marido na gestão da clínica, diversas modificações — a seu ver desnecessárias — começaram a ser realizadas, como o aumento repentino no valor da sessão. Como achou um absurdo, disse que falaria umas "verdades" para ela, que não aceitaria o aumento e que estava até disposto a tirar o filho de lá.

"O que você quer?", perguntei.

"Quero continuar pagando 120 reais, ué! Ou, no máximo, uns dez, vinte reais a mais."

"Entendo que essa é a solução que você espera, mas me fale um pouco mais sobre a situação. Por que você escolheu essa fonoaudióloga específica?"

Ele pensou um pouco e listou diversos motivos: o consultório ficava muito perto da casa dele, permitindo que os avós pudessem buscar o filho quando estava no trabalho; o garoto havia evoluído bastante (muito mais do que nas fonoaudiólogas anteriores); ele já conhecia o ambiente e se sentia confortável; a esposa confiava na condução da profissional e se sentia segura. Ao saber de tudo isso, ficou claro para mim que, por trás de sua *posição* de "continuar pagando o mesmo preço", havia muitos *interesses*.

"Quem você considera que seria impactado por essa negociação?", perguntei.

"Meu bolso, eu e a fonoaudióloga", ele respondeu.

Mais uma vez tentei ampliar a visão, e foi fácil vislumbrarmos que essa negociação envolvia muito mais gente, como sua esposa, seus filhos, seus pais, os sogros, a secretária da fonoaudióloga, o marido dela e, agora, eu também. Por fim, fiz a pergunta mais importante:

"O que você faria se não conseguisse chegar a um acordo com ela? Como atenderia àqueles interesses todos, caso não acertem um valor que você consiga pagar?".

Nessa hora, sua ficha caiu. Não conhecia nenhuma fonoaudióloga do mesmo nível perto de sua casa e a um preço viável. Além disso, ao tirar seu filho daquela clínica, corria o risco de interromper o tratamento, de não atender aos seus interesses (apenas alimentar seu ego) e de frustrar seus familiares. A realidade é que a falta de alternativas externas lhe deixava fraco para negociar. Mesmo que falasse todas aquelas "verdades" e tentasse impor uma solução, teria poucas chances de sucesso.

Essa conversa de cinco minutos mudou completamente a forma como enxergava a situação. Sugeri que o mais importante antes de qualquer interação com a fonoaudióloga seria trabalhar nos bastidores para criar melhores alternativas externas — planos B, C e D. Para isso, voltei à questão sobre quem estava ou poderia estar envolvido na negociação. Ele pediria indicações às colegas que tinham filhos na mesma situação e às outras profissionais que acompanhavam a educação do seu filho, como a psicóloga e a professora de reforço.

A psicóloga indicou uma fonoaudióloga de confiança e se comprometeu a acompanhar o tratamento. A profissional, que também tinha consultório na região, cobrava 240 reais por três atendimentos semanais, ou seja, o mesmo preço que pagava por duas sessões. O filho passaria a fazer três sessões por semana, com o benefício adicional da maior integração entre a psicóloga e a fonoaudióloga. Essa proposta foi tão boa que ele não quis nem se dar ao trabalho de seguir negociando com a fonoaudióloga original. No fim, suas expectativas foram superadas e ele, sem dúvida alguma, mudou de profissional e ficou feliz com o resultado.

O que fiz nesse caso foi auxiliar meu amigo a se preparar de forma eficaz e, assim, ampliar sua visão. Considerando que não é viável fazer uma preparação extensa para as diversas negociações em que nos envolvemos, minha proposta é que, antes de tudo, você pelo menos reflita sobre três elementos.

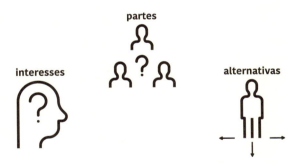

preparação eficaz

interesses — partes — alternativas

1. Mapear as **partes** — Identificar *quem são* os influenciadores da negociação (pessoas ou empresas que podem ter influência no acordo ou lidar com suas consequências).
2. Identificar **interesses** — Refletir sobre *quais seriam* os interesses dessas partes (tanto os seus quanto os dos outros) e classificá-los por ordem de importância.

3. Analisar **alternativas externas** — Imaginar *o que cada um poderia fazer* (ou quais caminhos poderiam seguir) caso não conseguissem chegar a um acordo entre si.

Analisando os três elementos da preparação neste exemplo:

1. Ao mapear as partes, meu amigo identificou *pessoas* que seriam impactadas (percebendo que sua postura inicial poderia frustrá-las) e conseguiu envolver indivíduos não mapeados no início para resolver seu problema.
2. Ao identificar seus interesses, percebeu que a questão era mais complexa do que uma simples discussão de preço e que seu relacionamento com esposa, pais e sogros, além do óbvio cuidado com o desenvolvimento do filho, eram pontos importantes nessa decisão.
3. Ao analisar suas alternativas, compreendeu que estava enfraquecido por não ter planos B, C e D fortes e, ao trabalhar para mudar o cenário, chegou a uma solução externa mais satisfatória do que havia imaginado anteriormente.

Como esse exemplo ilustra, a preparação é tão importante que, se bem executada, permite enxergarmos movimentos fora da mesa de negociação que podem mudar completamente o cenário e resolver o problema sem que precisemos de fato sentar para negociar. A falta de preparação, no entanto, diminui a capacidade de enxergar saídas inteligentes e dificulta a análise de novos cenários. Nesse exemplo, se meu amigo tivesse executado uma preparação simplista, não conseguiria ver outra solução além de aceitar um valor de honorário em algum ponto entre 120 e 180 reais. Isso o deixaria em um impasse caso seu valor limite absoluto não fosse aceito. Por mais duro que fosse, o máximo que ele conseguiria nessa negociação seria manter o valor que pagava anteriormente, o que garantiria a manutenção do serviço prestado, mas por uma profissional frustrada.

Mapeamento das partes

Quando pensamos nos envolvidos em uma negociação, normalmente restringimos nossa visão a quem está sentado à mesa. Porém, o cenário é mais complexo do que isso. Para citar Stuart Diamond, "Quase sempre existem pelo menos três pessoas em uma negociação — mesmo que apenas duas delas estejam presentes".[4] Os indivíduos sempre se preocupam com a opinião alheia, reportam-se a alguém ou assumiram compromissos com outros.

O mapeamento das pessoas e das empresas que podem influenciar ou ser impactadas pela negociação é crítico para o sucesso. Na maioria das companhias, mesmo decisões simples costumam envolver, em média,[5] oito pessoas, enquanto as complexas chegam a passar de vinte. Desconsiderar a importância de trabalhar nos bastidores e lidar com peças-chave no processo decisório pode ser um erro grave. Decidir quem envolver e quem afastar, em cada etapa, requer reflexão e estratégia. Estudos demonstram que as pessoas são míopes para potenciais partes que poderiam ser consideradas na construção de um acordo, principalmente em cenários com os quais estejam familiarizadas. A escolha dos parceiros de negociação pode ser mais impactante para o resultado do que a negociação em si.[6]

Por exemplo, se o diretor comercial de uma empresa quiser apresentar um projeto com potencial para aumentar as receitas e dar visibilidade para a marca, mas com alto custo de implementação, ele teria mais chances de sucesso se antes envolvesse o diretor de marketing. Assim, teria um aliado ao apresentar o projeto para o diretor financeiro, que inicialmente estará mais preocupado com os custos e poderá rechaçar a ideia antes de ela ganhar força. Crianças fazem isso de forma intuitiva: dependendo do pedido, sabem definir com eficácia se é melhor abordar primeiro o pai, a mãe ou até os avós, para ganhar aliados e aumentar a chance de conseguirem o que querem.

O envolvimento de potenciais influenciadores também pode destravar impasses com elevada carga emocional. Stuart Diamond[7] aconselhou uma mulher americana que ganhara a guarda dos dois filhos num divórcio. O marido brasileiro sequestrara as crianças e as trouxera para o Brasil. Ela não dispunha de recursos ou habilidades para acessar o sistema jurídico brasileiro e concluiu que a única coisa que podia fazer era ligar imediatamente para o ex-marido e tentar resolver a situação. Stuart aconselhou-a a repensar se o melhor caminho era de fato a ligação. Ao analisar o perfil do casal, ficou claro que ela tinha um estilo muito complacente e ele era bastante agressivo. Logo, ponderou que, se ela lidasse diretamente com o ex, seria destruída. Questionou, então, se haveria outras pessoas que poderiam influenciar a negociação de forma positiva e descobriu que a família dele poderia ser um canal — ela manteve uma boa relação com os ex-sogros e os considerava pessoas sensatas. A mulher foi então aconselhada a conversar com a família dele para tentar recuperar os filhos. Em sua linha de argumentação, usou os seguintes critérios: as leis precisavam ser respeitadas, sequestrar era errado e haveria benefícios em manter as crianças com a mãe. A família concordou e conseguiu convencê-lo a mandar as crianças de volta aos Estados Unidos, evitando maiores problemas.

Ao identificar potenciais influenciadores, é importante fazer uma reflexão mais profunda sobre como pessoas-chave enxergam essa negociação e quais seriam seus incentivos, motivações ou restrições para agir.

- Ao apoiá-lo, colocariam em risco sua reputação ou o relacionamento com outras pessoas?
- Elas têm algum incentivo direto nessa negociação?
- Há quanto tempo trabalham nessa empresa ou segmento?
- Será que querem mostrar serviço para ganhar visibilidade ou só desejam evitar problemas?
- Esse projeto é relevante ou é visto como "só mais um negócio"?

Uma boa fonte de pesquisa para entender o perfil das pessoas com as quais negociaremos são as redes sociais, principalmente o LinkedIn. Artigos e comentários em publicações podem dar um senso geral de seu posicionamento sobre questões relevantes, além de permitir a identificação de visões comuns e possíveis pontos de conflito. Outras fontes muitas vezes menosprezadas são profissionais que já trabalharam na empresa ou que já negociaram com pessoas de lá. É comum que seus próprios colegas tenham insights valiosíssimos. Quando eu trabalhava no mercado de shoppings e fazia reuniões com engenheiros, arquitetos ou advogados de clientes, costumava consultar antes profissionais dessas áreas na minha empresa para tentar entender melhor suas linhas de raciocínio.

Outro ponto a considerar é que, muitas vezes, algumas pessoas influenciam a decisão sem que tenhamos acesso direto a elas. Corretores de imóveis normalmente me questionam sobre estratégias para lidar com os diferentes responsáveis pela decisão na compra de um apartamento, como um marido, a esposa e os filhos. Considero que precisarão vender para todos os envolvidos, com diferentes argumentos para cada um. Quando esses influenciadores são diretos — casos em que você tem acesso a eles na negociação —, essa tarefa é facilitada, já que é possível ver suas reações e lidar com seus questionamentos sem intermediários. Caso sejam influenciadores indiretos, a dificuldade aumenta: será preciso descobrir, por meio dos interlocutores diretos, quem são e quais suas restrições. Nesses casos, você tem dois caminhos: tentar trazê-los para a mesa ou fazer com que seus argumentos cheguem a eles de forma eficaz.

Mesmo em situações simples, deixamos passar boas oportunidades de tentar entender como funciona o processo decisório nas empresas com as quais negociamos. Às vezes "perdemos tempo" negociando com uma pessoa e esgotamos nossas possibilidades de realizar concessões. Depois, acabamos descobrindo que essa pessoa não tinha poder de decisão e que a validação ainda precisaria passar por outras instâncias, em que novas demandas poderiam surgir. Mesmo que não seja possível intervir no processo decisório, o entendimento mais claro sobre como as decisões são tomadas pode contribuir para sua preparação.

O mapeamento das partes envolve basicamente:

- Identificar quem pode influenciar o acordo (apoiar, vetar, contribuir, decidir ou atrapalhar).
- Decidir em que ordem essas partes serão abordadas (quem pode estimular ou inibir a participação de outras pessoas, quem deveria ser envolvido no início para o projeto ganhar força, quem deveria opinar

de forma isolada — sem impactar a opinião dos outros — ou participar apenas quando o projeto já tiver obtido apoio suficiente).

Um erro grave em cenários nos quais diversas partes podem influenciar um potencial acordo é adotar uma estratégia conhecida no campo da negociação como DAD (decidir — anunciar — defender), como aconteceu em um interessante caso envolvendo a construção de uma base da varejista Amazon no estado de Nova York.[8] Em 2019, a empresa revelou que estava em busca de cidades para a instalação de bases locais, nas quais geraria bilhões de dólares em investimentos e cerca de 50 mil empregos qualificados. Era música para os ouvidos de prefeitos e governadores de cidades com potencial para receber esses investimentos. Após confirmar acordos em Virgínia e Nashville, a Amazon concentrou seus esforços para viabilizar a instalação da base nova-iorquina.

O governador Andrew Cuomo e o prefeito Bill de Blasio anunciaram publicamente seu total apoio à iniciativa, alinhados com a visão da Amazon sobre os benefícios que esse acordo traria. Segundo pesquisas, 70% dos nova-iorquinos apoiavam a ideia. Mas a estratégia de *decidir* (nos bastidores com os governantes), *anunciar* (a decisão publicamente) e *defender* (o projeto das críticas que pudessem surgir) se mostrou ineficaz. Após o anúncio, vários grupos contrários se uniram, firmando forte oposição ao projeto. Ao não mapear — ou dar pouca importância — a esses potenciais opositores, acreditando que seria fácil "vender" o acordo, a Amazon acabou obrigada a abandonar a ideia original e desistir de instalar essa promissora sede na cidade.

O sucesso nos acordos para a instalação das bases locais em Virgínia e Nashville fez com que a varejista acreditasse que o apoio teórico da maioria da população (indicado nas pesquisas) e a concordância do prefeito e do governador seriam suficientes para mais uma negociação bem-sucedida. Se houvessem tentado se aproximar de representantes da comunidade local para entender seus receios, suas dúvidas e restrições, poderiam ter obtido insights valiosos para direcionar sua atuação. Posteriormente, ficou claro que as principais preocupações da comunidade local eram relativas a moradia (tinham receio de que esses milhares de novos trabalhadores na região fizessem com que os custos de aluguel disparassem), transporte (preocupavam-se com um potencial colapso no trânsito e no transporte público, que já estavam no limite) e condições de trabalho. Além disso, reclamaram por não terem sido ouvidos. Apesar de as críticas serem administráveis com ajustes no projeto original, o fato de elas terem surgido somente quando a oposição já estava muito fortalecida inviabilizou a reversão.

Obter consenso entre todos os envolvidos em um projeto dessa magnitude, que envolve partes muito diversas, com incentivos, visões e motivações tão diferentes (e conflitantes) seria praticamente impossível. A meta para a validação em um projeto com potenciais opositores deve ser conseguir "consenso suficiente" para a montagem de uma coalizão de sucesso, apesar dos potenciais bloqueadores. Como afirma o professor James Sebenius, construir uma coalizão de sucesso envolve passos sistemáticos relacionados ao mapeamento e à abordagem das partes. Isso significa conseguir o apoio mínimo necessário para obter concordância em relação à sua proposta e garantir sua implementação.[9]

A etapa seguinte ao mapeamento das partes é a identificação dos interesses, das motivações e das restrições de cada uma delas.

Identificação de interesses

A identificação dos interesses das partes é a chave para criar valor na negociação, pois facilita a identificação de trocas de baixo custo e alto benefício. Muitos negociadores são rápidos em determinar que desejam um desconto x ou um preço y. No entanto, poucos refletem de fato sobre quais são seus reais interesses, necessidades, preocupações, medos e restrições por trás dessa posição, ou seja, o seu porquê.

Pode parecer óbvio, mas, na prática, apenas não fazemos isso. A embaixadora Charlene Barshefsky, que participou das negociações para a abertura comercial da China, disse certa vez que "você ficaria surpreso com o número de pessoas que não sabem realmente o que querem, com o tipo de precisão exigida em uma negociação".[10] Estudos observam que, como negociação é algo complexo e incerto, negociadores tendem a simplificar a situação e focam em apenas um objetivo — em geral valor monetário —, deixando de enxergar a variedade de interesses.

Restringir a preparação a uma variável única estreita a discussão. Sem refletir sobre diversos aspectos, a tendência é nos fecharmos para opções diferentes, que poderiam não só tornar o acordo possível como aumentar nossa satisfação.

Analisando a carreira dos estudantes de MBA da Harvard Business School, o professor Deepak Malhotra observou a alta rotatividade desses profissionais em início de carreira. Ao investigar a questão mais a fundo, descobriu que ela estava relacionada à elevada importância que eles davam ao salário nominal na negociação, desconsiderando aspectos complementares que impactavam de forma considerável a satisfação profissional — como localização, oportunidades de crescimento, benefícios, reputação da empresa, autonomia, flexibilidade, qualidade do escritório e frequência de viagens. Isso é explicado pelo viés da disponibilidade, que é nossa tendência a colocar um peso desproporcional em determinada informação — como o salário inicial — na tomada de decisão. É mais fácil mensurar os efeitos positivos de um salário um pouco mais alto do que, por exemplo, projetar o cansaço de se deslocar uma hora a mais por dia para chegar ao trabalho, por anos.

Nesse caso, um exercício a se fazer seria pensar no que queremos (um salário de 10 mil reais mensais, por exemplo) e, a partir disso, refletir: qual o principal motivo de querermos isso? Pode ser que estejamos querendo poupar, pagar algum curso, ter um bom plano de saúde ou um bom colégio para os filhos. Se pararmos para pensar, esses interesses podem ser atendidos de outras formas, talvez com a combinação de um salário um pouco menor e um bônus no final do ano, somado ao pagamento do curso pela empresa, com upgrade no plano de saúde corporativo e utilização do desconto no colégio obtido por um convênio empresa-instituição.

Sua posição/demanda inicial em uma negociação representa apenas a forma como você imaginou resolver o problema *antes* de conversar com a outra parte. Usar o tempo da preparação para refletir sobre seus interesses e classificá-los por ordem de importância ampliará seus horizontes a respeito da situação e facilitará a análise de diferentes opções que surjam ao negociar. Costumo contar o caso de um executivo que amava seu trabalho, mas odiava o chefe. No limite de sua paciência após mais um dia insuportável com o gestor, decidiu buscar ajuda para conseguir um novo emprego.[11] Teve uma ótima conversa com um headhunter, que lhe informou que, dado seu sólido histórico profissional nesse segmento, seria fácil encontrar um emprego em outra empresa do setor. Na mesma noite, contou para a esposa que estava mais perto de resolver seu problema: mudar de emprego. Por não estar tão inserida no assunto, a esposa o fez enxergar que o trabalho atual era perto de casa, que ele tinha flexibilidade de horários — o que permitia buscar os filhos na escola e passar mais tempo com eles —, oferecia possibilidade de crescimento e tinha um plano de previdência privada, ou seja, vários benefícios significativos.

Ao vislumbrar seus interesses de forma mais ampla, ficou claro que o executivo deveria encontrar uma solução que mantivesse todos os benefícios relevantes que possuía no emprego atual, mas que gerasse mais satisfação profissional, que era seriamente impactada pelo seu chefe direto. Teve um insight criativo em relação à solução do problema: "Não preciso encontrar um novo trabalho. Preciso escapar do meu chefe! Vou tentar encontrar um novo emprego para ele, não para mim". No dia seguinte voltou ao headhunter e deu o nome do seu gestor, uma pessoa muito qualificada. Ele encontrou um novo emprego para o chefe do executivo, que, sem saber de onde veio a indicação, aceitou e saiu da empresa. O executivo acabou ficando com o cargo do antigo chefe.

Priorização dos seus interesses

Nossos interesses materializam o motivo pelo qual nos envolvemos numa negociação. Ou seja, representam o real problema a ser resolvido, não necessariamente a solução que imaginamos para ele no início. O melhor momento para refletir sobre nossos interesses e classificá-los por ordem de importância é na etapa de preparação, já que é inviável estudar diferentes opções, fazer contas rápidas e refletir em profundidade sobre novos dados na mesa de negociação. Isso se torna ainda mais difícil se a carga emocional estiver alta, pois com certeza impactará sua tomada de decisão.

O primeiro passo para identificar seus interesses é listar todos os pontos gerais que podem ser negociados. Em acordos comerciais, os mais comuns são preço, pagamento (prazo, condições, financiamento), qualidade, escopo do serviço, responsabilidade de entrega e prazo de entrega. Existem diversos métodos de priorização de interesses. Para interesses mais tangíveis, um método prático é a escala de cem pontos, na qual se lista todos os interesses, atribuindo peso a cada um deles até chegar a cem.

#Interesse	Descrição de Interesse	Peso
Interesse 1	Qualidade	35
Interesse 2	Preço	30
Interesse 3	Prazo do pagamento	20
Interesse 4	Garantia	10
Interesse 5	Prazo da entrega	5
		100

Quando há itens intangíveis ou de difícil mensuração, uma forma de facilitar o entendimento do nível de importância de cada ponto é o método MoSCoW, uma técnica de priorização usada em gerenciamento de projetos e desenvolvimento de softwares.[12]

M **M**ust have: necessidades essenciais e mandatórias

S **S**hould have: questões importantes que, embora não sejam vitais, têm valor significativo

C **C**ould have: pontos desejáveis, mas que gerariam pouco impacto caso ficassem de fora

W **W**ill not have: questões não prioritárias que podem ser suprimidas no momento

SEGUNDO PILAR: PREPARAÇÃO

Adaptando esse método à realidade específica das negociações, é possível agrupar os interesses da seguinte maneira:

- **Essenciais:** aspectos que precisam estar contemplados na solução negociada e que seriam *dealbreakers* (sem eles, não haveria acordo).
- **Importantes:** questões que merecem atenção especial na negociação e que impactam fortemente a satisfação com o acordo e sua viabilidade.
- **Desejáveis:** pontos que elevariam o nível de satisfação com o acordo e que, em conjunto, podem aumentar seu valor. Isoladamente, não deveriam ser obstáculos para a aceitação de um acordo em que alguns interesses não estejam contemplados.
- **Dispensáveis:** elementos positivos, mas que não geram impacto relevante no valor do acordo. A tentativa de incluí-los só é válida se não colocar em risco a obtenção dos outros interesses em uma negociação.

Essenciais	Importantes	Desejáveis	Dispensáveis

Na conversa de um casal em início de namoro, que está projetando o futuro e alinhando afinidades e visões sobre o relacionamento, um ponto *essencial* para um dos cônjuges pode ser ter ou não ter filhos e uma questão *importante* pode ser que ambos possam trabalhar (e não tenham a expectativa de interromper sua carreira pela maternidade/paternidade). Aspectos *desejáveis* podem ser ter autonomia na relação para poder continuar com sua vida social dentro de limites aceitáveis para ambos. Pontos *dispensáveis* podem ser questões menores do dia a dia, que não são tão sensíveis e podem ser relevadas pelo bem da relação.

Identificação dos interesses das outras partes

Enxergar o mundo pela perspectiva dos outros é uma habilidade magnífica obtida pelo ser humano ao longo da evolução da espécie, pois nos permite aprender uns com os outros, gerar novas ideias e resolver disputas.[13] Apesar de útil, é uma habilidade ainda pouco explorada por muitos negociadores. Entram muito autocentrados na negociação, mas desconsideram que, para convencer alguém de algo, você precisa entender o que se passa na cabeça dessa pessoa. Se quero ir a algum lugar, não seria bom ter um mapa do trajeto ou uma foto de lá? Compreender como a pessoa enxerga a situação é o equivalente a ter um mapa do território a ser explorado. As percepções variam, dependendo do ponto de vista. Dessa forma, identificar os interesses dos envolvidos pode ser fundamental para que uma solução mutuamente satisfatória seja construída. Além disso, há mais chances de que demandas à primeira vista inconciliáveis se transformem em soluções compatíveis.

Negociadores experientes reconhecem a importância de ampliar sua perspectiva na etapa de preparação. Como na situação de um sócio sênior de um escritório de advocacia, que envolveu um advogado júnior em uma tarefa. No fim do expediente de uma sexta-feira, pediu que ele analisasse um caso para que pudessem representar um cliente em uma negociação que ocorreria na semana seguinte. O advogado júnior passou o fim de semana envolvido na etapa de preparação do trabalho e, na segunda-feira, entregou um material completo ao seu superior. Após parabenizá-lo pela qualidade da entrega, o sócio sênior revelou que, na verdade, eles representariam a outra parte nessa negociação, e falou: "agora que você entende completamente o ponto de vista do outro lado, está apto a preparar os argumentos e propostas do nosso lado".[14]

Preocupar-se em entender os interesses do outro lado não é um ato de benevolência: é a melhor forma de alcançar os seus objetivos. Logo, o desafio de entender a perspectiva dos outros é constante no processo de negociação — está presente na fase de preparação, na discussão e na execução do acordo.

Costumamos gerir conflitos de forma ineficiente porque nos prendemos às nossas próprias percepções. Um negociador eficaz percebe que a pessoa menos importante na negociação é ele. Aqueles que só falam sobre suas demandas e vontades passam a imagem de que não se preocupam com o outro, e assim criam graves obstáculos para evoluir no acordo. Tentar identificar os interesses e as restrições dos outros sempre nos aproxima da solução do problema — ou do entendimento sobre a impossibilidade de um acordo.

Certamente aumentaremos nossas chances de resolver impasses se, antes de abordar a outra parte, refletirmos sobre "por que ele está falando isso?", "qual deve ser sua real preocupação?", "o que haveria de errado se eu propusesse isso?". Se não consegue responder à pergunta "por que o outro diria sim para mim?", você não está pronto para negociar. Muitos negociadores desperdiçam essa oportunidade por fazerem suposições baseadas em sua própria perspectiva. Isso ainda é agravado quando os negociadores fazem perguntas e buscam informações que confirmem suas crenças — o chamado viés de confirmação — em vez de tentar questioná-las para obter um entendimento mais profundo da questão.

A hora de negociar é quando acreditamos já termos esgotado as possibilidades de reflexão individual e coleta de informações. Caso não tenhamos conseguido identificar com clareza os interesses dos envolvidos durante a fase da preparação, pelo menos teremos consciência sobre quais serão os principais pontos que precisaremos explorar para ter um entendimento mais claro da situação e direcionar as perguntas na hora de interagir.

Análise das alternativas externas

ELABORE UM PLANO B

É comum entrarmos nas negociações tão focados em obter o que desejamos que deixamos de considerar o que faríamos caso um acordo não fosse possível. Quais seriam os planos B, C, D ou E? Como resolveríamos o problema se não fosse possível chegar a um acordo? Na etapa de preparação, é essencial refletir sobre ações a serem tomadas para satisfazer nossos interesses sem depender da pessoa com a qual estamos negociando.

Vale refletir de forma mais profunda, por exemplo, sobre alternativas à venda de um imóvel. Podemos alugá-lo até que o mercado melhore, desmembrá-lo e lotear o terreno ou até mesmo transformá-lo em uma pousada, antecipando os planos de aposentadoria. Um escritor negociando com uma editora pode ter como alternativa a possibilidade de publicação do livro com outra editora, a publicação independente ou a ideia de fazer um projeto inovador, transformando seu conteúdo em uma série de vídeos interativos e um e-book. Ao buscar emprego, um profissional pode ter como alternativas outra proposta de emprego ou a possibilidade de atuar como freelancer, empreender ou até mesmo, havendo possibilidade financeira, tirar um período sabático. Como demonstrado nos exemplos acima, sua alternativa externa ao acordo pode ser simplesmente aceitar a proposta de uma terceira pessoa, mas você pode também decidir seguir um caminho totalmente diferente.

No campo da negociação, chamamos tecnicamente sua melhor alternativa de Batna (*best alternative to a negotiated agreement*, melhor alternativa a um acordo negociado).[15] Ou seja, de todas as alternativas externas ao acordo que está sendo negociado, qual seria a melhor delas? Para ser aceitável, qualquer acordo precisa ser melhor para ambos do que as alternativas que possuem. Para aceitar a proposta de alguém, ela precisa ser mais interessante do que os outros caminhos que você teria para resolver seu problema sozinho. Seu limite — ou mínimo aceitável — seria o ponto de indiferença, em que tanto faz fechar o acordo com o interlocutor ou seguir com seu plano B. É preciso, porém, ser realista quanto às possibilidades concretas de seguir outro rumo. Muitas vezes, temos visões irreais em relação ao que seria possível obter no mercado. Um exemplo clássico são proprietários de imóveis que acham que o mercado pagaria x, sendo que essa percepção é irrelevante se ele não receber propostas concretas por esse valor. Uma pesquisa profunda pode gerar um choque de realidade. Caso se depare com um interlocu-

SEGUNDO PILAR: PREPARAÇÃO

tor que tenha visão irreal das próprias alternativas, vale demonstrar, primeiro com sutileza e depois em detalhes, usando critérios objetivos, que elas não são tão fortes quanto ele imagina. Em uma transação comercial, a melhor alternativa externa ao acordo não é o que *você* acha que é justo, e sim o que alguém efetivamente estaria disposto a pagar pelo que você oferece.

Antes de avançarmos, vale ressaltar a distinção que faço entre os termos opções e alternativas. Opções são caminhos internos, ou seja, diferentes propostas e soluções que podem surgir na conversa com um negociador específico. Uso alternativas sempre que me refiro a propostas/soluções/caminhos externos ao acordo que estava sendo discutido com esse negociador específico.

Ao receber a visita de um potencial comprador, o vendedor de imóveis pode tentar negociar diversas opções: 800 mil reais à vista sem mobília ou 1 milhão de reais à vista com mobília. Suas alternativas externas seriam: aceitar a única proposta firme que já recebeu de outro potencial comprador, de 790 mil reais à vista sem mobília ou considerar a possibilidade de alugar sua casa para um amigo, que ofereceu um contrato de locação de doze meses por 4 mil reais mensais.

TENTE CONVERTER SUAS ALTERNATIVAS EM BASES COMPARÁVEIS

Ao analisar e comparar suas alternativas externas com as propostas/opções que você tem na mesa de negociação, é importante tentar convertê-las nas mesmas bases. Esse é o grande desafio da análise de alternativas, já que muitas vezes diversos aspectos são mesmo difíceis de se mensurar. Ao estudar duas propostas de emprego, uma delas propondo salário 20% maior na modalidade presencial e a outra oferecendo a flexibilidade da jornada híbrida, o que vale mais? Quanto de flexibilidade você trocaria por cada ponto percentual a mais de salário?

É comum cairmos na armadilha de escolher uma alternativa reluzente para depois descobrirmos que ela não era tão interessante assim. Pense, por exemplo, em um homem insatisfeito com os reajustes de preço de sua apólice de seguro residencial, que vinha sendo renovada com incremento médio de 7% nos últimos três anos.[16] Ao se aproximar do novo período de renovação do contrato, resolveu fazer uma pesquisa de mercado. Em sua rápida busca, foi impactado pelo anúncio de uma seguradora nova no mercado que estava com uma campanha agressiva de captação de clientes, oferecendo o seguro por 30% a menos do que ele pagava. Quase que hipnotizado por essa proposta "irrecusável", o homem preencheu todos os documentos para mudar de seguradora, mas, antes de assinar, resolveu verificar melhor os detalhes da apólice. Quando leu as "letras miúdas" do contrato, que detalhavam a cobertura e as restrições em caso de sinistro, ficou claro que as condições que ele tinha com a seguradora atual eram bem melhores, e desistiu de fazer a migração.

ALTERNATIVA É PODER

De forma simples: quem tem as melhores alternativas detém o poder na negociação. Muitos acreditam erroneamente que as partes mais poderosas são as mais ricas, mais experientes ou agressivas. No entanto, na prática, só exercerão poder sobre você caso sejam capazes de controlar recursos dos quais você depende ou valoriza. A partir do momento que você tem boas alternativas externas, e pode recorrer a elas com tranquilidade para se satisfazer, esse poder é neutralizado.

A imagem abaixo ilustra a dinâmica de poder em uma negociação. Teoricamente, quanto mais intensos forem os três elementos de cima (alternativas, tempo e independência), menos concessões seriam necessárias para fechar um acordo. Da mesma forma, quanto mais brandos forem esses três itens, maior seria a necessidade de realizar concessões.

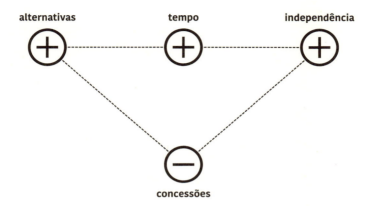

Estarei enfraquecido na negociação caso possua poucas alternativas, tenha urgência para concluí-la e dependa desse negócio. Teoricamente precisarei conceder muito para garantir o acordo caso meu interlocutor perceba essa situação.

Para ilustrar esse ponto, pense no caso de duas profissionais liberais que fornecem serviços similares. Uma delas está com baixíssima demanda (poucas alternativas), sustenta sozinha três filhos (alta dependência de receita) e já está com três parcelas do condomínio atrasadas (tem pressa para quitar essa dívida). A outra profissional está com alta demanda (muitas alternativas), divide as despesas da casa com seu bem-remunerado marido e tem agenda lotada pelos próximos três meses. Ao se depararem com a solicitação de negociação de uma proposta, fica claro quem estará mais propensa a reduzir o valor do serviço.

INFORMAÇÃO NÃO É PODER

Numa negociação, a informação é uma ótima fonte de alavancagem. Quando identificamos o quanto podemos extrair do acordo e até que ponto seria necessário ceder, é possível fazer propostas mais vantajosas e precisas. Mas, em última instância, informações não são suficientes para alterar a dinâmica de poder. Posso ter muitas informações e elas simplesmente revelarem que meu interlocutor tem boas alternativas, dispõe de muito tempo para tomar uma decisão e é indiferente a esse negócio. Isso não me torna mais poderoso na negociação. Mesmo com informações riquíssimas, apenas saberei, com muita clareza, que sou a parte mais fraca na situação.

Obter informações que revelem que seu interlocutor possui alternativas ruins, que tem pressa para tomar uma decisão e depende desse negócio é muito valioso. No entanto, ressalto que os fatores (alternativas/tempo/independência) foram determinantes para estabelecer quem tem poder. As informações apenas nos dão consciência desse poder ou da ausência dele.

VOCÊ PODE ESTAR MAIS FORTE DO QUE IMAGINAVA

Não refletir sobre nossas alternativas e as dos outros envolvidos pode afetar a percepção da dinâmica de poder e fazer com que nos sintamos mais frágeis do que realmente somos. Em uma mentoria para uma empresa que vendia salas comerciais, conduzi um grupo de discussão com corretores de imóveis. Quando abordei o assunto sobre o poder na negociação ser relacionado às alternativas externas, eles disseram em coro que era por essa razão que, no setor deles, o poder estava todo nas mãos dos clientes. Na visão dos vendedores, os clientes tinham a faca e o queijo na mão, pois podiam comprar salas comerciais de vários concorrentes na cidade. Argumentei que isso dependia muito daquilo que os clientes buscavam. Pelo que eu tinha apurado, eles possuíam um produto exclusivo: salas comerciais em uma torre integrada ao único shopping da cidade, com facilidade de estacionamento, variedade de serviços (bancos, correios, academia, cartório), restaurantes e lojas. Generalizar necessidades com frases prontas como "meus clientes só se preocupam com preço" pode impedir a busca de soluções customizadas para necessidades individuais. Por mais que seu público-alvo seja bem definido, lembre-se de que ele é uma representação geral de pessoas que têm interesses e restrições individuais. Se o cliente deles priorizasse uma sala integrada ao shopping, por considerar uma comodidade para o seu público, de quem mais teria essa oferta? Ao olhar por essa perspectiva, eles perceberam que sua empresa era a única em todo o estado com essa característica. Se o cliente valorizasse isso, de certa forma, dependeria dessa empresa para satisfazer suas necessidades.

Costumamos nos preocupar demais com os concorrentes, diminuindo nossas expectativas e ambições em relação a um potencial acordo. No entanto, uma reflexão mais aprofundada pode fazer com que percebamos que esse medo não é real, que possuímos diferenciais valorizados pela outra parte. Se pensarmos de forma mais ampla nos interesses de ambos e nas alternativas externas que teriam para satisfazê-los, podemos descobrir que estávamos subestimando nossa força e superestimando a deles.

Certa vez, um amigo me enviou uma mensagem de áudio a caminho da reunião "mais importante da vida" dele. Esse amigo possuía um escritório bem estabelecido, que vinha crescendo nos últimos anos, e estava prestes a fechar um negócio que tinha o potencial de fazer sua empresa dobrar de tamanho. Faltando cinco minutos para chegar à reunião, ele se lembrou de me pedir uma dica para não perder o negócio. Ao ouvir sua mensagem, pude perceber claramente o quanto ele estava ansioso. A enorme expectativa gerava o medo de desperdiçar aquela oportunidade. Vi que qualquer conselho técnico seria menos importante do que passar uma mensagem que o tranquilizasse, assegurando que ele poderia viver sem esse negócio. Isto é, se tudo desse errado, manter as coisas como estavam não seria algo ruim. Na pior das hipóteses, ele seguiria com seu rentável escritório e poderia buscar atender outras empresas que não havia explorado até então. Por mais valioso que fosse esse contrato, sua sobrevivência não dependia dele.

Apesar de a contratante possuir faturamento bilionário, pedi que tentasse enxergar a situação pela ótica deles: "Como você acha que eles poderiam resolver esse problema específico sem você? Seu escritório tem ótima reputação, é o mais tradicional da cidade e possui altíssimo índice de sucesso em serviços similares. Me parece que eles não têm alternativas de empresas do mesmo nível para atendê-los nessa demanda complexa. Pode ser que, para eles, fechar negócio seja tão interessante quanto seria para você. Sua capacidade de garantir geração de valor para eles é seu grande diferencial".

Apenas alguns meses depois, recebi a seguinte mensagem: "Lembra que um dia te procurei muito nervoso porque teria a reunião da minha vida? Talvez você nem se lembre, por ter sido só mais um aluno desesperado. Consegui, foi o maior trabalho que já fechamos". Ele me contou que o grande benefício de minha mensagem foi ter lhe passado tranquilidade. Ali, ele percebeu que o mundo não acabaria se o negócio desse errado e entendeu, analisando a perspectiva do outro lado, que eles realmente não tinham outra alternativa que gerasse tanto valor quanto a empresa dele. De certa forma, dependiam dele. Isso diminuiu sua ansiedade e permitiu que se concentrasse em demonstrar esse potencial para o cliente.

O PODER NÃO PRECISA SER EXERCIDO

A parte poderosa na negociação possui maior probabilidade de atingir os resultados desejados, desde que saiba usar seu poder sem provocar efeitos colaterais nos envolvidos.[17] O poder costuma gerar a tentação de impor seu ponto de vista, sem considerar — mesmo que minimamente — os interesses dos outros e os efeitos de sua postura na continuidade do relacionamento. Como já discutido, as pessoas não querem se relacionar com quem as força a fazer algo que não desejam. Estudos indicam, inclusive, que as partes "poderosas" tendem a ser menos criativas na negociação do que as mais fracas. O ideal é ter poder sem precisar usá-lo, deixando que o outro perceba sutilmente sua posição de vantagem.

Menciono a palavra poder, mas o grande benefício de ter um ótimo plano B é permitir que o negociador seja menos dependente da negociação atual para atingir seus objetivos. Se temos alternativas satisfatórias fora da mesa, a negociação se torna menos uma necessidade e mais uma oportunidade de construir algo que o deixe mais satisfeito do que ficaria se precisasse utilizá-las. Essa independência *garante* tranquilidade para se concentrar na conversa sobre formas criativas de gerar valor para ambos, sem se sentir pressionado a aceitar um acordo que seja pior do que o já garantido em outro lugar.

Essa "garantia", porém, é efêmera. Como a negociação é dinâmica, o tempo pode enfraquecer suas alternativas, fazer com que elas desapareçam ou permitir que seu interlocutor descubra outras formas de resolver o próprio problema. O tempo também pode transformar um negócio inicialmente pouco importante em uma situação de vida ou morte, aumentando o nível de dependência. Lembre-se de sempre manter suas alternativas externas vivas para não se surpreender e terminar sem nada. Como diz o ditado, "mais vale um pássaro na mão do que dois voando". Só faz sentido prolongar uma negociação quando percebemos que o tempo nos colocará em uma situação melhor do que a atual.

COMO NEGOCIAR QUANDO ESTAMOS FRACOS?

Considere um cenário em que, antes de discutir qualquer coisa, você refletiu sobre suas alternativas, entendeu a dinâmica de poder e isso só lhe trouxe uma certeza: você é de fato a parte mais fraca na negociação. Como se sentiria? Para a maioria das pessoas, o pânico e a ansiedade fazem com que não vejam outra saída além de desistir de seus objetivos e aceitar qualquer acordo oferecido.

No entanto, ao agir de forma estratégica, mesmo nessas situações, é possível minimizar fragilidades e costurar acordos satisfatórios. A primeira e mais básica questão a considerar é que sua fraqueza só é efetivamente um problema se for identificada pelo outro. Caso de fato não tenha plano B, nem exista a chance de desenvolver um, isso só causará prejuízos se essa vulnerabilidade for percebida. Vale lembrar que, em geral, superestimamos a capacidade dos outros de acessar nossas informações particulares.[18] Nas negociações, ao focarmos naquilo que nos limita, esquecemos que os outros não possuem necessariamente os mesmos dados e que, por consequência, chegarão a diferentes conclusões.[19]

Toda negociação envolve percepção e influência. A forma como nossa postura é percebida influencia as expectativas e a atuação dos outros. Negociadores costumam avaliar os resultados que obtêm com base nas emoções que percebem do outro lado.[20] Se acharem que você está ansioso ou desesperado demais, a tendência é que fiquem mais ambiciosos e tentados a obter um melhor resultado, buscando extrair mais de você.

Se nos sentimos fracos, agimos com fraqueza, que, se percebida pelo outro, possivelmente impactará a atuação dele com relação a nós. Isso não quer dizer que devamos blefar e agir como se fôssemos os todo-poderosos. Isso pode ser desastroso. Mas é preciso considerar as fragilidades do outro lado, ainda que não tenhamos conseguido identificá-las. Mesmo que suas alternativas sejam fracas, isso não significa que são as mais fracas — as do outro podem ser ainda piores. E se não forem, pode ser útil fazer alguns movimentos fora da mesa de negociação para tentar melhorar suas circunstâncias.

A negociação é interdependente. Algo que nos afeta também pode afetar os outros envolvidos. Lembro-me de um episódio em que um aluno, fornecedor de sistema de gestão empresarial, me abordou preocupado. Seu maior cliente tinha adquirido seu sistema havia dois anos e recentemente o procurara para discutir o contrato, que expiraria em breve. Disse que, apesar de estarem satisfeitos com a qualidade do serviço, passavam por cortes orçamentários e que, se ele não reduzisse o valor da licença anual em 9%, seria substituído por outro fornecedor. Ele não sabia o que fazer, porque o cliente tinha muito poder de barganha. Ele não tinha outro cliente do mesmo porte, então ficava claro que seu negócio seria muito impactado com a perda. Por outro lado, provoquei uma reflexão mais ampla: "É simples fazer uma troca de sistema em uma empresa de 5 mil funcionários? Quanto tempo isso deve levar? Quanto teriam que investir — em dinheiro e esforço — para trocar de sistema, testar e treinar os funcionários na nova ferramenta? Seus concorrentes são muito mais baratos do que você?". Depois de analisar esses pontos, meu aluno entendeu que o cliente até poderia conseguir um concorrente que topasse baixar seu preço para conquistar essa conta, mas o esforço para essa substituição seria enorme. Apesar de demonstrar poderio econômico, o tamanho do cliente representava também uma fragilidade, já que tornava qualquer mudança algo custoso e trabalhoso por impactar diversas áreas da empresa.

Por mais rígidas que sejam, as demandas representam uma oportunidade de redefinir o acordo em outros aspectos, que podem representar um benefício para você sem necessariamente ser um complicador para o outro. Quando os dois lados têm alternativas ruins, as possibilidades de acordo são maiores, já que a negociação pode criar muito valor para ambos em comparação com as alternativas que possuem.

Ao encarar essa negociação como uma oportunidade para reabrir questões do contrato que também o incomodavam, meu aluno condicionou o aceite dos 9% de redução à renovação imediata do contrato por três anos (com reajuste anual de 5%) e conseguiu alinhar a eliminação de uma cláusula que o obrigava a usar determinadas ferramentas de suporte aos usuários, reduzindo seus custos com um impacto irrelevante na qualidade do serviço. Ao aceitar a demanda principal do cliente (9% de redução do valor), ele evitou colocar o contrato em risco, mas conseguiu compensar essa perda de receita com outros aspectos que incluiu na negociação para preservar sua lucratividade, ao mesmo tempo que garantiu previsibilidade de receita com a extensão do período de duração do acordo.

A união faz a força

Quando se sentir fraco para negociar, uma boa opção é ganhar força pela associação com outras partes que também seriam fracas isoladamente. É o que fazem cooperativas agrícolas ou de crédito, em que pequenos produtores só conseguem acessar grandes mercados por meio da associação. Outro exemplo de sucesso é a Premier League,[21] principal liga de futebol profissional da Inglaterra. Desde o final da década de 1980, os clubes ingleses estavam insatisfeitos com a condução da Liga de Futebol, que vinha organizando o campeonato havia cem anos. Após tentativas frustradas de negociações individuais por melhores acordos financeiros em direitos televisivos e patrocínios, 22 clubes decidiram abandonar a liga e fundar, em 1992, a Premier League, obtendo mais liberdade e força para negociar condições mais rentáveis. Com isso, viram as receitas se multiplicarem e alcançaram o posto de liga de futebol mais popular do mundo, com transmissão em mais de duzentos países. Um projeto similar aconteceu no Brasil com a fundação do Clube dos 13, mas inúmeras questões políticas e de gestão minaram o potencial da iniciativa.

Complementando a preparação

1. Busque critérios para embasar a discussão

Negociadores despreparados em geral tentam conduzir a negociação impondo valores arbitrários, sem se preocupar em embasá-los objetivamente. Apenas tentar pressionar o outro a aceitar sua proposta, com o argumento de que "precisamos fechar nesse valor porque é o melhor que posso fazer" não é uma boa estratégia. Quando o outro se sente pressionado e não recebe uma justificativa plausível para sua proposta, a tendência é ficar na defensiva. É mais fácil convencer as pessoas de algo se elas considerarem que sua proposta é justa — e a melhor forma de criar essa percepção de justiça é utilizar critérios objetivos em sua argumentação.

O uso de critérios evita que a discussão se transforme em uma disputa de vontades. Por exemplo, em uma discussão entre empresa e um prestador de serviços (PJ) sobre o reajuste de sua remuneração mensal, pode ser difícil estabelecer o que seria um percentual satisfatório para ambos. O prestador pode considerar que seu trabalho não está sendo valorizado, ao mesmo tempo que a empresa considera estar pagando muito pelo serviço. O uso de critérios pode contribuir para resolver esse impasse, guiando a negociação de forma produtiva. O índice de inflação anual pode ser uma referência apresentada como justa para o reajuste. O prestador pode argumentar que o percentual de dissídio anual aplicado aos funcionários seja estendido a ele ou a empresa pode argumentar que a queda em seu faturamento anual justifica que nenhum reajuste de remuneração seja devido no período.

SEGUNDO PILAR: PREPARAÇÃO

O uso de critérios contribui para que o interlocutor perceba que sua proposta é justificável e fique mais propenso a aceitá-la. Ele também se sentirá mais confortável para convencer as pessoas às quais se reporta de que tomou uma boa decisão e fechou um negócio que faz sentido.

Na fase de preparação, é importante buscar critérios para embasar sua proposta, como índices de referência (inflação, taxa de juros e variação cambial), padrões de sua indústria e precedentes (negociações anteriores). Com isso em mente, você pode identificar quais desses métodos seriam mais favoráveis (para sugerir sua aplicação) e quais seriam menos favoráveis (para tentar evitar que sejam usados).

Dessa forma, você suaviza a posição rígida de seu interlocutor. Quando são questionados sobre parâmetros concretos para suas propostas extremas, negociadores inflexíveis costumam reagir de três formas:

1. caem na realidade
2. ficam sem argumentos (repetindo suas demandas)
3. se veem obrigados a admitir que estão pedindo algo fora da realidade, constatação que se recusam a vocalizar

Perguntar em tom de curiosidade como chegaram a tal valor ou pedir que expliquem o racional por trás da proposta é algo que costuma esvaziar táticas rígidas de barganha. Experimente perguntar, por exemplo: "Imagino que você tenha bons motivos para considerar que sua proposta é razoável. Poderia me explicar como chegou a esse valor?". Caso eles não consigam explicar suas demandas, você estará em um momento favorável para propor seus critérios. Se tentarem rejeitá-los, convide-os a demonstrar claramente *o que* enxergam de errado no critério que você propôs. Isso demandará que pelo menos reflitam e talvez se abram a outras visões. Ao se concordar com um métrica a ser utilizada, fica muito mais fácil convergir em uma solução.

Em uma negociação pela compra de participação em uma empresa, o investidor pode dizer que o valor de 1 milhão de dólares pedido pelo fundador por 10% de participação é fora da realidade e que só está disposto a pagar metade disso. A resposta do fundador da empresa deve tentar materializar o que seria essa realidade: pode argumentar que o critério utilizado para chegar a esse valor foi aplicar o múltiplo de oito vezes o lucro da empresa no ano anterior e demonstrar que esse é o costume no seu segmento. A partir de então, ele perguntaria por que, objetivamente, o investidor acredita que sua empresa deveria ser avaliada abaixo desse múltiplo e defenderia, por meio de critérios como potencial de crescimento e aumento do lucro atual versus ano anterior, o racional de sua proposta. Insistir na adoção de métodos claros recoloca a discussão em níveis produtivos. Quanto mais importante for a preservação do relacionamento futuro entre as partes, mais necessário será o uso de critérios para demonstrar que a solução é razoável ou que não há oportunismo.

Usar padrões é uma ótima forma de persuasão, principalmente se esses critérios tiverem sido propostos pela outra parte. Tentamos ser coerentes com posições que manifestamos antes, em especial se fizemos isso de forma pública. Quando as partes não conseguem concordar com um critério, uma possível solução é usar terceiros como mediadores para essa condução. Outro caminho é buscar um procedimento com o qual ambos concordem. Métodos triviais de decisão, como um sorteio ou revezamento, podem ser usados com sucesso.

Tenho um colega que, após anos de boa relação com o sócio, percebeu que seus objetivos já não eram os mesmos e propôs a dissolução da sociedade. Após intensa discussão, não conseguiram chegar a um acordo sobre o valor da empresa, pois seu sócio oferecia um valor irrisório pela compra de sua participação. Então, propôs a seguinte solução: buscaria um especialista para atribuir valor à empresa. Com o resultado dessa avaliação, seu sócio decidiria se preferia *comprar* ou *vender* a empresa e ele acataria a decisão. Com algumas variações, essa solução é conhecida em alguns países como *Texas Shootout*. Pais e mães costumam usar estratégia similar quando irmãos disputam bens divisíveis, como uma barra de chocolate: decidem que um corta e o outro escolhe com qual pedaço prefere ficar.

Outra questão importante é tentar transformar em compromissos os critérios defendidos pelo outro. Houve uma vez em que fui convidado por uma empresa de promoção de eventos para realizar um workshop. Estávamos negociando meus honorários e me ofereceram

50% de participação no faturamento bruto, com o argumento de que o evento tinha enorme potencial de venda. Perguntei se eles não estavam otimistas demais, e a responsável me disse que seria *impossível* venderem menos de cem ingressos. Concordei em trabalhar com a participação de lucros, mas precisava ter a garantia de que receberia pelo menos 10 mil reais, o que, de acordo com as estimativas de venda, não seria um problema. Quando solicitei que essa cláusula fosse incluída no contrato, minha contratante ficou na defensiva, dizendo que não poderia assumir o compromisso. Argumentei que não estava preocupado até aquele momento. Como ela tinha defendido enfaticamente todo o racional do faturamento na etapa de me convencer do seu potencial, não teria como descontruir esses parâmetros na etapa de definição das condições comerciais. Acabou dando certo e rendendo até mais do que o valor mínimo.

Na etapa de preparação, é importante tentar buscar critérios que possam ser usados para embasar o debate e torná-lo mais produtivo.

2. Estabeleça objetivos

Negociação é um processo em que pessoas interagem para atingir seus objetivos. O estabelecimento de um objetivo lhe guiará nesse processo, protegendo-o de distrações no caminho. O simples ato de fixar uma meta pode aumentar o desempenho dos negociadores em mais de 25%.[22] Pesquisas demonstram que ao focarmos nos nossos objetivos, metas ou aspirações, obtemos melhores resultados, especialmente se eles forem otimistas, específicos e justificáveis.[23]

Coloquei o estabelecimento de um objetivo como última etapa do processo de preparação, pois determiná-lo prematuramente, antes de entender a questão com profundidade, faz com que todos os passos da negociação possam ser baseados em uma premissa errada. Muitas vezes as necessidades não são identificáveis de imediato. Um caso ocorrido nos Estados Unidos demonstra isso de forma bem clara.[24] Alguns estados americanos lidavam com um problema que também enfrentamos no Brasil: crianças perdendo aulas em escolas públicas. As ausências injustificadas (aquelas que não possuíam razões médicas, por exemplo) eram medidas e, presumindo serem geradas por mau comportamento dos pais e alunos, as escolas apenas adotavam medidas punitivas para contê-las. O resultado dessas ações ficava abaixo do esperado: só 46% das crianças atingiam o índice de presença escolar mínimo.

Algumas instituições tiveram a curiosidade de conversar com pais e filhos para tentar entender melhor a questão. Surpreendentemente, descobriram que a principal causa para a ausência não tinha relação com preguiça ou negligência. Na verdade, um grande obstáculo era a maioria das crianças não ter roupas limpas para ir à escola. Na dura escolha entre irem sujos, virando motivo de piada, ou ficar em casa, escolhiam a segunda opção. Necessidades básicas não atendidas — asseio, respeito, autoimagem — eram o real desafio. Identificado o problema, as soluções buscadas foram completamente diferentes da simples punição. Firmaram parcerias com empresas locais e fundações que fornecessem serviços de limpeza nas escolas, com armários e máquinas de lavar. Removidas essas barreiras, 84% das crianças atingiram o mínimo de presença exigido.[25]

Ao questionar negociadores sobre quais eram seus objetivos, já ouvi com frequência frases como: "meu objetivo é convencê-lo a aceitar minha proposta", "mostrar que ele está errado" ou "fazê-lo cair na real". Não é de se espantar que os resultados dessa abordagem — em que os negociadores confundem seus objetivos com suas demandas — sejam menos eficazes.

Como entender o problema a ser resolvido e estabelecer objetivos de forma eficaz? A professora Alexandra Carter, da Columbia Law School, apresenta uma estratégia prática para essa questão. Um exemplo: a CEO de uma empresa recebeu os resultados de uma pesquisa interna que apresentava alto índice de rotatividade e baixo nível de satisfação dos funcionários. Ao tentar especificar seu problema em uma frase, escreveu: "O índice de satisfação dos funcionários é extremamente baixo".

Utilizaremos seus cinco passos[26] para ampliar a visão do problema e traçar objetivos concretos:

Primeiro passo: por alguns minutos, refletir e tentar colocar no papel o problema a ser resolvido, incluindo questões que podem ter contribuído para sua situação atual e os reflexos em sua vida ou empresa.

Segundo passo: resumir a questão em uma frase, para obter maior clareza. Foi o que a CEO fez ao escrever: "O índice de satisfação dos funcionários é extremamente baixo".

Terceiro passo: extrair da frase tudo que seja negativo ou que se refira ao passado e reenquadrá-la de forma positiva ou olhando para o futuro. Ao definir um problema, é preciso expressar o que queremos, em vez do que não queríamos. Com isso, a frase inicial seria substituída por: "Precisamos atingir elevados índices de satisfação dos funcionários". Isso muda sua atitude de lamentação para uma de solução positiva.

Quarto passo: substituir essa frase por uma pergunta, iniciada por "Como", "O que", "Quem" ou "Quando". No caso dela: "O que poderíamos fazer para alcançar alto índice de satisfação dos funcionários?". Formular a frase como uma pergunta motiva a busca de informações mais concretas para agir.

Quinto passo: tentar definir o problema de forma mais ampla. Reflita: "O que aconteceria se isso se tornasse realidade?". Ao pensar no que aconteceria se "o índice de satisfação dos funcionários crescesse", ela poderia concluir que, com altos índices de satisfação, sua empresa atrairia melhores funcionários e com isso atingiria melhores resultados.

Com essa última reflexão, revisaria sua frase para: "O que podemos fazer para transformar essa empresa em um lugar para onde os melhores talentos sejam atraídos, se candidatem, permaneçam e trabalhem duro para alcançar o sucesso?". Isso transforma uma conversa inicialmente focada em aumentar os índices de uma pesquisa em uma chamada para ação que ajudará a redefinir os rumos da empresa e o relacionamento com seus funcionários.

Em geral, definimos nosso "problema" de forma reativa. Essas perguntas ajudam a evitar um gatilho imediato e pensar nos objetivos de forma mais ampla. Resolver um problema é a principal meta da negociação. O restante é secundário: se não contribui com essa tarefa, é irrelevante ou atrapalha. Identificadas suas metas, reflita se suas ações estão de acordo com elas.

Durante a pandemia do coronavírus, tentei convencer minha mãe a evitar contato físico com os netos. Ela relutava, dizendo que precisava "ajudá-los com as tarefas escolares, para não perderem o ano". Como estava incluída no grupo de risco, tentei demonstrar de forma clara que, no curto prazo, suas ações não eram compatíveis com seus objetivos de longo prazo. Perguntei: "Você quer contribuir com a formação escolar deles ao longo dos anos? Gostaria de vê-los se formar?". Refletindo sobre essas questões, ela entendeu que, ao se arriscar desnecessariamente hoje, seus objetivos mais valiosos no futuro poderiam ser comprometidos. Isso fez com que mudasse de atitude.

Mesmo em questões cujos benefícios serão imediatos, muitas vezes nos distraímos de nossos objetivos e agimos de forma contrária a eles. Muitos negociadores possuem metas bem definidas, mas, ao se sentirem afrontados, ofendidos ou com o ego ferido, passam a agir com o único intuito de provocar, se vingar ou dar uma lição no outro. As emoções podem desnortear negociadores. Por isso, é importante, além de escrever os objetivos, mantê-los à mão para que, em momentos de pressão, possamos pedir uma pausa e nos reconectarmos com eles para retomar o rumo inicial.

Para negociações que envolvem questões financeiras e não apenas a solução de um problema mais amplo, é útil estabelecer uma meta objetiva. Podemos definir qual seria "um resultado aceitável": um número localizado em uma faixa, com limite superior (meta) e inferior (mínimo aceitável). Como há muitas variáveis, pressões e incertezas durante a etapa da negociação, tendemos a simplificar[27] nossos objetivos e focar — mesmo que inconscientemente — em um dos extremos dessa faixa.

Por isso, é importante focar nas aspirações e não no mínimo viável. Ao mirar no limite inferior, acabamos, mesmo sem perceber, nos contentando com acordos piores. Quanto mais difícil — porém factível — for o objetivo, melhor o resultado alcançado.[28] A diferença de performance é explicada pela motivação que essas expectativas maiores geram, estimulando o negociador a dispender mais energia para buscar soluções criativas com resultados melhores.

SEGUNDO PILAR: PREPARAÇÃO

A preparação é essencial para termos um rumo na negociação, mas não pode ser um limitador. Ela sinaliza as probabilidades de obtermos algo, mas não pode restringir nossas possibilidades de criação de valor. A negociação é dinâmica e seu destino depende da interação com outra pessoa. Portanto, não está apenas sob seu controle. Além disso, é preciso aceitar que podemos ser surpreendidos. Afinal, há inúmeras informações que não conseguiremos obter previamente.

Seu plano pode parecer perfeito até se chocar com a realidade. Novas informações podem mudar por completo o cenário. Quanto mais você aceitar essa situação, mais preparado estará para ajustar sua atuação quando a hora chegar.

Pouco antes de uma luta, quando já era campeão mundial, o boxeador Mike Tyson foi questionado por um repórter sobre como se comportaria, já que seus adversários treinavam durante meses com o objetivo de enfrentá-lo. Estudavam seus movimentos e traçavam um plano específico para neutralizá-los. Ele logo respondeu: "Todos têm um plano até levar um soco na cara. Então, como um rato, ficam paralisados de medo e congelam". Como o processo de negociação envolve interação, não é possível garantir um roteiro. Nossas ações podem influenciar as reações da outra parte de formas que não previmos.

Sendo assim, ficar amarrado somente à preparação não é indicado, pois deixaremos de acompanhar mudanças de cenário, presos às informações que obtivemos antes. Sente-se à mesa para aprender. Uma parte do aprendizado pode ser obtida antes da negociação, e o restante só será possível ao iniciá-la.

O famoso empresário Donald Dell, que representou várias estrelas do esporte em acordos milionários, afirmou: "Não sei dizer quantas vezes cheguei preparado a uma negociação, para de repente aparecer alguém ou algo que mudasse por completo o acordo que eu imaginava fazer. A única forma de se proteger 100% dessa situação é considerar que sempre existe algo que você não sabe. Esse conselho não apenas manterá sua mente rápida para ajustar o negócio, forçando-o a considerar as motivações dos outros envolvidos, mas também manterá seu ego sob controle".[29]

Ao presumir que sempre há algo que não sabemos, a preparação ajuda a identificar *o que* precisamos descobrir. Quando demonstro para meus alunos a importância de colocar no papel quais seriam as *partes* envolvidas na negociação, assim como seus *interesses* e *alternativas,* é comum ouvir o seguinte comentário: "Não consegui identificar nenhum interesse do outro negociador". Ao que respondo: "Ótimo. Então você já percebeu o que precisará descobrir na mesa de negociação e direcionará suas perguntas para isso".

Ser flexível nos nossos objetivos não significa sacrificar interesses. Significa estar aberto a alcançá-los de formas não imaginadas antes ou perceber que talvez seja mais viável atingi-los em etapas.

TERCEIRO PILAR
Comunicação

TODA NEGOCIAÇÃO SURGE DE UM PROBLEMA que envolve pessoas com interesses em comum e interesses conflitantes. Como encaixá-los da melhor maneira possível? Comunicando-se. Seja para identificar o real problema a ser resolvido ou buscar soluções criativas, é indispensável fazer bom uso do diálogo para obter informações úteis e apresentar argumentos precisos. A troca produtiva de informações é essencial para que bons acordos sejam construídos, mas a comunicação vai além dos aspectos objetivos. Negociadores também precisam estabelecer uma confiança mútua antes de se sentirem seguros o bastante para compartilhar interesses.

Diversos aspectos impactam a forma como interlocutores se comunicam ao negociar, desde a escolha do meio de comunicação, passando pela conexão entre pessoas com diferentes perfis até o uso de palavras mais adequadas a cada situação. Em alguns casos, é preciso saber lidar com mentiras e superar a falta de confiança para evitar prejuízos e garantir que acordos sejam cumpridos. Ter capacidade de fazer perguntas inteligentes, demonstrar entendimento e consideração pelo outro, conseguir se comunicar sem ofender e apresentar seus argumentos de forma eficaz é um enorme diferencial.

Você se comunica bem?

Nas minhas aulas, quando pergunto quem se comunica bem, a maioria assente. Acham que são comunicativos porque são extrovertidos. No entanto, a maior qualidade de bons comunicadores é saber fazer boas perguntas, já que a negociação não gira em torno do que você sabe, mas do que precisa descobrir. A maioria[1] das pessoas avalia sua capacidade de ouvir como "acima da média", mas estudos[2] indicam que apenas 7% das pessoas fazem boas perguntas nas negociações. Esse número ajuda a explicar outro índice que mencionei antes, de que 80% dos negociadores desperdiçam recursos na negociação.

Já acompanhei centenas de visitas de vendas e pude constatar que é enorme a quantidade de vendedores que passam boa parte do tempo demonstrando o quanto sua empresa é maravilhosa, que possuem inúmeros clientes e que são os melhores de seu segmento. No entanto, investem pouquíssimo tempo tentando entender as necessidades e as "dores" dos seus clientes. Ao falarem demais, perdem excelentes oportunidades de customizar seu discurso para demonstrar precisamente *como* sua atuação poderia resolver o problema do outro.

Ouvir versus falar

Uma pesquisa realizada pela empresa americana Gong analisou, por meio de inteligência artificial, 519 mil gravações de reuniões de vendas para relacionar a performance dos vendedores com o percentual do tempo que eles passavam ouvindo ou falando. No final, constatou-se que os vendedores de pior performance passavam 72% do tempo falando.[3] É óbvio concluir que dificilmente eles conseguiam entender as reais necessidades de seus clientes. Ao ouvir um pouco mais (32% do tempo), os profissionais já entravam no nível dos medianos. Já os de alta performance ouvem por 54% do tempo. A conclusão do estudo é que é preciso ouvir mais do que falar, mas com certo equilíbrio. A negociação deve ser um diálogo, não um monólogo nem um interrogatório. Se falamos demais, o interlocutor não se sente ouvido nem apreciado. Se questionamos em excesso, as pessoas ficam desconfortáveis.

Vendedores medianos fazem diversas perguntas no início da conversa, quando seus clientes ainda não estão confortáveis para compartilhar informações, o que faz com que se fechem. Profissionais de alto desempenho distribuem suas perguntas ao longo do diálogo, utilizando os primeiros 25% do tempo para estabelecer conexão, 50% do tempo descobrindo e discutindo os principais tópicos e os 25% restantes para falar sobre execução e próximos passos.

De acordo com o mesmo estudo, o número ideal de problemas/tópicos a serem abordados é entre três e quatro, e o número ótimo de perguntas a serem feitas para a descoberta de necessidades é de aproximadamente doze perguntas por hora de conversa. Mesmo na etapa de estabelecimento de conexão, é preciso fazer perguntas inteligentes. Negociadores medianos jogam mais conversa fora e os de melhor desempenho passam mais tempo focados nos tópicos principais. De doze perguntas feitas, dez são relacionadas a questões relevantes, ao passo que, para os medianos, apenas metade das perguntas se refere a elas.

Escuta ativa

Ouvir não significa apenas fazer perguntas e esperar passivamente. Perguntas só têm utilidade se você estiver disposto a ouvir as respostas. Em situações de pressão e incerteza, é muito fácil perdermos o foco e nos pegarmos pensando em outra coisa. Muitas vezes ficamos nos perguntando "como é mesmo o nome dele?", "será que ele percebeu que estou ansioso?", "será que ele vai tentar barganhar?", "será que precisarei ajustar minha proposta?". Concentrar-se apenas no que a outra pessoa diz fará com que suas respostas surjam de forma natural.

Quando se usa o termo escuta ativa, muitas pessoas se lembram de conselhos comuns, como: ficar em silêncio enquanto os outros falam, sinalizar que está escutando e repetir o que foi dito, parafraseando seu interlocutor. Publicado na Harvard Business Review, um estudo recente demonstra que esses comportamentos estão longe de caracterizar habilidades de bons ouvintes. Ao analisar os melhores ouvintes de um grupo de profissionais, os pesquisadores identificaram características e qualidades surpreendentes.[4] Concluíram que ouvir bem é muito mais do que ficar em silêncio e sinalizar que está escutando. Os melhores ouvintes são aqueles que interagem por meio de perguntas que promovem descobertas e reflexões. Uma boa pergunta sinaliza não só que você ouviu, mas que compreendeu bem o suficiente para enriquecer a conversa.

Ao sentir que seus pontos são contemplados, as pessoas ficam mais dispostas a também considerar sua visão. Os maus ouvintes são vistos como competitivos, como se estivessem escutando apenas para identificar falhas de raciocínio e se aproveitar delas posteriormente. Bons ouvintes não são uma mera esponja que absorve o que foi dito: são um trampolim, pois colocam a conversa em outro nível.

Entrando em sintonia

O que torna as pessoas mais suscetíveis a compartilhar informações na negociação é o nível de conexão e confiança estabelecido. Essa percepção de que ambos estão em sintonia, conhecida como *rapport*, torna as conversas mais produtivas. Quando percebem que são ouvidas e possuem liberdade de expressão, as pessoas se sentem confortáveis e, segundo neurocientistas de Harvard,[5] têm acionada no cérebro a mesma sensação de prazer e recompensa que obtemos com comida e dinheiro. Essas reações neuroquímicas tornam as pessoas mais receptivas a ouvir de volta. Já reparou como é ruim quando estamos contando uma história e a outra pessoa fica olhando para os lados ou checando toda hora o celular? O desengajamento é imediato.

Diversos aspectos contribuem para estabelecer conexão entre as partes. Em negociações presenciais, a desconexão pode ocorrer antes mesmo do encontro. O mero ato de se atrasar para uma reunião, por exemplo, pode ser mal interpretado. Outro fator que molda percepções é a forma como você se veste, pois a falta de adequação pode ter efeitos desastrosos. Como contou o empresário Tallis Gomes, fundador da empresa Easy Taxi,⁶ sobre o episódio em que foi barrado de uma reunião que teria com o secretário de transportes de Cingapura. Ouviu: "Aqui você não entra sem terno". Ele respondeu: "Estou investindo 50 milhões de dólares no país, fala para o secretário que se ele quiser falar comigo, não vou trocar minha roupa". Resposta? "Ok. Ele não vai falar com você." Nas palavras do empresário: "Eu quase destruí uma operação em Cingapura por causa de uma bobagem, uma crise de ego. Aprendi. Se ali o *dress code* manda usar terno, vou usar".

Em apenas cem milésimos de segundo, formamos impressões sobre confiabilidade, competência e agressividade. Assim, um primeiro juízo pode afetar diretamente a negociação.[7] Contato visual e gestos simples são fatores importantes para estabelecer uma conexão. Segundo a professora Francesca Gino, da Harvard Business School, uma dessas fontes de informação são os apertos de mão. Estudos demonstraram que esse simples cumprimento contribui para transmitir uma primeira impressão de cooperação e sociabilidade. Ela identificou que pares que apertaram as mãos antes de negociações fecharam acordos com maior índice de satisfação mútua e foram mais propensos a revelar informações úteis para trocas inteligentes.[8] Além disso, tiveram menor tendência a mentir e a fazer acordos que destruíssem valor. Pessoas com aperto de mão fraco ficam negativamente rotuladas em relação à sua expressividade social. Já as de aperto de mão firme, que olham nos olhos do interlocutor, são mais bem avaliadas em entrevistas de emprego.[9]

Alguns tentam usar esse gesto para estabelecer uma relação de poder e dominação. Um adepto dessa prática é o presidente Donald Trump, que já passou por experiências curiosas em encontros com líderes globais. As mais notórias foram o prolongado e firme cumprimento ao primeiro-ministro japonês, que ficou nitidamente desconfortável, e a recusa em apertar a mão da ex-chanceler alemã Angela Merkel em sua primeira visita oficial à Casa Branca, gerando notável constrangimento. Apertos excessivamente fortes podem se tornar caricatos e deixar os outros armados contra essa "tática". Foi o caso do primeiro-ministro do Canadá, com um aperto tão firme quanto o de Trump, que pareceu reconhecer esse equilíbrio.

Espelhamento

Para criarmos uma conexão, precisamos buscar pequenos pontos em comum. Mesmo questões triviais, como trabalhar na mesma empresa, fazer aniversário no mesmo dia, praticar esportes, ter o mesmo nome ou possuir filhos de idades similares, podem ser úteis na hora da negociação.

Uma série de estudos indica que o espelhamento — imitar gestual, ritmo de fala, tom de voz, expressões corporais e gramaticais de forma sutil — contribui para a conexão e aceitação entre as partes.[10] Um estudo específico mostrou que quando negociadores espelharam fisicamente os gestos dos outros, obtiveram melhores resultados.

O espelhamento em geral ocorre de forma subconsciente. No entanto, ao saber de seus benefícios, muitas pessoas tentam utilizá-lo ativamente. É até possível obter sucesso nessa abordagem: pesquisadores identificaram que o espelhamento executado de forma estratégica gera maior generosidade das outras pessoas. Em simulações feitas em um restaurante, garçons que espelharam de modo consciente o tom de voz dos clientes ao repetir seus pedidos receberam gorjetas 100% maiores.[11]

Considero arriscado o uso ativo do espelhamento por pessoas que não tenham internalizado a técnica. Algo que soa artificial destrói por completo a capacidade de conexão. Uma regra simples que uso em minhas interações é a seguinte: naturalidade conecta e artificialidade repele. Não espelho conscientemente os movimentos dos outros para entrar em sincronia, mas fico atento para evitar desconexão. Se meu interlocutor está com gestos contidos, tento me conter para não ser expansivo demais. Se estão falando baixo e devagar, evito falar alto ou rápido demais. A negociação é como uma dança, que fluirá melhor se ambos estiverem no mesmo ritmo.

Certa vez, ao terminar uma palestra, fui abordado por um jovem que carregava de forma artificial todos esses pontos de conexão que tratei até aqui. Chegou impecável, com um aperto de mão firme, me olhou fundo nos olhos, demonstrou energia na voz, buscou pontos de similaridade, dizendo que também palestrava, elogiou meu trabalho e usou técnicas de escuta ativa. Preocupou-se tanto em executar com precisão todas as técnicas que havia aprendido nos inúmeros cursos que fez que ficou artificial. Isso aconteceu há dois anos, e ainda lembro da sensação de total desconexão que me fez ficar na defensiva em relação ao pedido que ele me fez ao final da conversa.

Não tente projetar uma imagem que não seja sua. A credibilidade é o ativo mais importante que possuímos. Se as pessoas acreditam em você, estarão mais abertas aos seus argumentos. Isso fará suas negociações fluírem melhor, já que as partes gastam menos energia tentando se defender ou atacar. Enquanto houver desconfiança, boas propostas podem ser rejeitadas pelo simples fato de terem partido de você. É a chamada "desvalorização reativa". A confiança é binária, isto é, ela existe ou não. Confiar "mais ou menos" significa não confiar.

Identificando o perfil do seu interlocutor

Um amigo, gerente de uma grande indústria, compartilhou comigo sua frustração nas reuniões semanais de alinhamento com a equipe. Quando começa a fazer seus relatos, é constantemente interrompido por seu gestor, que diz para ele acelerar e ir logo para o final da história.

Perguntei: "Por que em vez de contar todos os detalhes, você não apresenta apenas uma visão geral da situação e abre para que ele faça as perguntas que julgar pertinentes?".

Ele respondeu: "*Preciso* contar todos os detalhes para que ele entenda a decisão que eu tomei".

A questão aqui é que a necessidade era do meu amigo, não do gestor, que considerava desnecessário ouvir a história toda para entender o contexto. Com a enxurrada de mensagens e distrações as quais estão expostos, atenção é um recurso escasso — profissionais conseguem passar apenas uma hora e doze minutos por dia sem distrações.[12] Para garantir que sua mensagem seja absorvida, é importante estruturá-la e transmiti-la de forma clara e concisa, respeitando a maneira como os outros processam informações e tomam decisões. Além disso, a maioria dos fracassos em negociações surge de problemas de comunicação, que desencadeiam reações emocionais e destroem o processo. Nas empresas, 86%[13] dos executivos percebem falhas de comunicação interna, que geram perdas de negócios, prazos e produtividade. A principal causa desses erros de comunicação — apontada por 42% dos profissionais — é a necessidade de lidar com pessoas que possuem diferentes perfis de comunicação. A identificação do perfil dos interlocutores é, portanto, essencial para entender o que sua audiência espera de você e, assim, adaptar seu discurso, potencializando-o.

Dentre as ferramentas de identificação de perfis associados à comunicação, minhas preferidas são as desenvolvidas pelos autores Mark Murphy (Quatro estilos de comunicação) e Carlos Alberto Júlio (Matriz dos perfis de comportamento), bem similares entre si — por isso, consolidei seus ensinamentos com minha observação pessoal para apresentar de forma prática os quatro perfis de interlocutores:[14, 15]

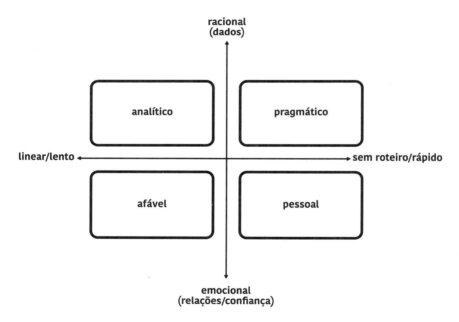

Esses perfis diferem fundamentalmente entre si em dois aspectos: forma de processamento de informações (linear ou sem roteiro) e base para tomada de decisão (dados ou relações/confiança):

Pragmático: toma decisões rápidas, baseadas em dados. É prático, vai direto ao ponto. Evita dispersões e foca no contexto geral — prefere ouvir uma explicação sucinta e impactante logo no início e faz perguntas para se aprofundar em pontos específicos —, esperando ouvir respostas objetivas. Prefere dados a opiniões.

Analítico: também toma decisões baseadas em dados, mas possui processo mais linear e lento. É metódico, pensativo e pesa todas as informações possíveis, mesmo que leve tempo. Não deixa passar detalhes e gosta de construir seu raciocínio ponto a ponto, passando por A, B e C até chegar a Z.

Pessoal: busca confiança e conexão pessoal para tomar decisões. Gosta de conversar sobre vários assuntos (muitas vezes não relacionados à negociação em si) e fica frustrado quando o interlocutor tenta ir direto ao ponto — interpreta isso como falta de preocupação com a construção do relacionamento. Se perceber que o outro busca apenas uma transação comercial, pode se afastar.

Afável: toma decisões de forma lenta, baseado na confiança e segurança. Tranquilo, gentil, gosta de explicações detalhadas, de forma ordenada. Se preocupa com os outros, tem facilidade de compreender as pessoas e é solidário. Pode ser inseguro, por isso busca aconselhamento com pessoas de sua confiança.

O percentual de pessoas classificadas em cada perfil é equilibrado, mas alguns predominam em determinadas profissões.[16] Na área de vendas, 51% dos profissionais pertencem ao *perfil pessoal*. Os profissionais de finanças e de TI são em sua maioria *analíticos*, com 33% e 36% respectivamente. A área de operações concentra pessoas com *perfil pragmático* (32%). O afável é minoria em todos os segmentos pesquisados (11% na área de vendas e 13% na área de finanças). Seu maior índice é na área de marketing (24%), onde é o 3º perfil mais identificado — ficando atrás de *pessoal* (29%) e *analítico* (27%).

Para lidar com diferentes perfis de interlocutores, você precisa desenvolver "flexibilidade comunicativa" — ou seja, usar formas diferentes de apresentar seu discurso de acordo com o público. Os melhores comunicadores são poliglotas — falam os "quatro idiomas" com fluência suficiente para adaptar sua mensagem e navegar entre esses estilos, caso diferentes perfis estejam presentes na mesma reunião. Podem, por exemplo, iniciar a conversa com uma frase de impacto que dê visão geral do tema, pontuar os principais aspectos, mesclando dados e percepções, e disponibilizar material detalhado impresso para os que quiserem se aprofundar posteriormente.

Compreendendo as diferenças entre os perfis, fica nítido por que as comunicações muitas vezes são tão truncadas. Quando as pessoas falam línguas diferentes, é muito difícil se entenderem. Em visitas de vendas, é comum vendedores abordarem o cliente *pragmático* com perguntas genéricas do tipo "Tudo bem? Como foi o fim de semana?" e receberem respostas como: "Tudo certo, mas vamos direto ao ponto. O que você tem para me apresentar?". O pragmático não tem paciência nem tempo a perder com conversas improdutivas. Um colega comentou comigo que foi fazer uma apresentação para seu gestor (pragmático) e, antes que pudesse começar, seu chefe questionou: "Quantos slides essa apresentação tem?". Ele respondeu: "Dezoito". O gestor retrucou: "Então escolha os três mais importantes para me apresentar".

Já o *analítico* é tido como um "cliente chato" por normalmente demandar muitas informações, mas essa é sua forma de tomar decisões — ele não vai comprar só porque o vendedor tentou ser seu amigo. O analítico desconfia de pessoas que não apresentam dados e se frustra com respostas genéricas. Por exemplo, imagine que ele pergunta qual é a taxa de juros e o vendedor responde algo mais ou menos assim: "Nossos juros são muito competitivos. Os menores do mercado. Pode confiar". Há total desconexão nessa comunicação. O analítico precisa de *dados* para analisar e o vendedor tenta convencê-lo pela *confiança* a agilizar a decisão.

O adepto do perfil *pessoal* passa a conversa toda avaliando se o outro é digno de confiança, buscando pontos de similaridade. Quando sua intuição lhe diz que o interlocutor é confiável, estará pronto para decidir. Pode chegar até a fechar negócio com um mero aperto de mãos

— como feito entre os presidentes da Taco Bell e da Frito Lay (Doritos), que selaram um acordo de 450 milhões de dólares[17] sem contrato. Para o *analítico*, que gosta de um processo estruturado, isso seria inimaginável. Muitos consideram o perfil *pessoal* ingênuo por não demandar muitas informações, mas na verdade isso gera uma grande responsabilidade: se essa confiança for quebrada e o negociador desse perfil se sentir enganado, ele nunca mais fará negócios com essa pessoa.

O *afável* é um perfil que precisa de tempo para estabelecer a confiança necessária para tomar decisões. É avesso a conflitos, por isso dificilmente diz "não" logo de início a seus interlocutores. Se for pressionado a tomar uma decisão rápida, tende a evitar decidir. Para ajudar o afável a sair "de cima do muro", vale tentar envolver mais pessoas — parceiras dele — no processo ou colocá-lo em contato com quem já tomou decisões parecidas antes. Ao ouvir a opinião de terceiros — isentos ou de confiança —, pode ser que ele adquira a segurança necessária para decidir.

A identificação do perfil do interlocutor é essencial para a comunicação fluir. Uma pesquisa prévia pode dar boa ideia de como se expressam. Durante a conversa, pequenos sinais ajudam na identificação. Se a pessoa é falante, é sinal de que deseja conexão emocional. Se é de poucas palavras e faz perguntas incisivas, parece ser mais orientada a dados.

Mesmo que não consiga identificar o perfil, você com certeza terá melhor conexão se não resistir aos sinais que o outro envia. Se ele pede informações detalhadas, não minimize a questão, já que isso deve ser importante para ele. Caso você não tenha as informações solicitadas, deixe claro que irá buscá-las e cumpra o compromisso de enviá-las depois. Se você for direto para a conclusão e ele pedir para você explicar melhor ponto a ponto, reduza o ritmo. Ao tratar cada perfil de acordo com suas particularidades, sua comunicação será muito mais eficaz.

Descubra qual filme se passa na cabeça do outro

Uma dificuldade em muitas negociações é o fato de os envolvidos começarem discutindo "verdades" diferentes. O que cada um encara como fato é apenas sua visão baseada em valores e experiências prévias. Um exemplo simples: ao caminhar com um colega no parque, vocês avistam algo no chão.[18] Ele subitamente grita que devem fugir. Você diz com calma que devem seguir em frente. Por que agiram de forma tão diferente? Ele avistou uma cobra e você achou que fosse um galho de árvore. Enquanto não se certificarem sobre o que está no chão, não conseguirão se entender em relação à melhor medida a ser tomada.

Para convencer alguém de algo, é preciso primeiro entender como essa pessoa enxerga a situação. Qual filme passa na cabeça dela? Já teve experiências ruins antes? Desconfia de mim? Está preocupada com algo? Um gerente da minha equipe estava há meses tentando fechar negócio com um potencial cliente e sempre me dizia que faltavam apenas detalhes financeiros. Semanas se passaram sem conclusão até que pedi para conhecer o cliente. Em poucas perguntas, ele me contou que tivera uma experiência ruim com nossa empresa anos antes e que ficara muito chateado. Além disso, estava inseguro com algumas cláusulas do contrato. Ao entender como ele enxergava a situação, percebi que a principal pendência estava longe de ser uma concessão financeira. O que precisávamos era reparar esse relacionamento, reestabelecer a confiança e dar garantias concretas que resolvessem suas inseguranças. Essas respostas estavam lá o tempo todo, mas faltaram ao gerente curiosidade e habilidade para fazer perguntas.

Empatia

Definida como a capacidade de se colocar no lugar do outro[19], ou seja, entender como o outro pensa e sente, a empatia é útil para qualquer pessoa. Apesar de ser vista como um atributo único, o autor Daniel Goleman, principal referência em inteligência emocional, identificou três tipos distintos de empatia:[20]

> **Empatia cognitiva:** habilidade de *entender* o *ponto de vista* da outra pessoa.
> **Empatia emocional:** capacidade de *sentir* o que o outro *sente*.

Preocupação empática: capacidade de *sentir* o que o outro *precisa* de você.

A *empatia emocional* e a *preocupação empática* dependem de conexão emocional, demandando assim um exercício contínuo para a aplicação prática. Em muitos casos, as pessoas só se abrirão caso identifiquem que você consegue sentir a dor delas (*empatia emocional*) — um empreendedor, por exemplo, pode se sentir mais aberto a compartilhar informações com outro empreendedor que enfrenta as mesmas dores e dilemas que ele no dia a dia. Já uma mãe que perdeu um filho talvez só consiga obter uma conexão genuína para falar sobre esse assunto com alguém que possa minimamente se colocar no seu lugar — como outra mãe.

A *preocupação empática* é uma habilidade muito útil em cargos de liderança. Gestores empáticos conseguem perceber do que os membros de sua equipe mais precisam no momento: incentivo, apoio, acolhimento, cobrança, estímulo ou espaço.

Já a *empatia cognitiva* é uma habilidade básica que não depende de conexão emocional, podendo ser incorporada ao dia a dia de qualquer profissional. Seu uso eficaz depende de como administramos alguns instintos básicos que podem nos atrapalhar, como: impor nosso ponto de vista, reagir de modo agressivo, julgar e responder instantaneamente. Em inglês, essa habilidade também é conhecida como "tomada de perspectiva", ou seja, enxergar a questão pela ótica de seu interlocutor — entender como ele vê a situação.

Entender x concordar

Entender o ponto de vista do outro não significa necessariamente concordar com ele. É possível reconhecer uma visão como válida sem que isso limite sua capacidade de expor o seu lado. Na prática, você até aumentará suas chances de sucesso. Quando atuava no setor de shoppings, ouvi o coordenador financeiro de um empreendimento desabafando sobre a inadimplência de um lojista: "Ele é um devedor! Precisa aprender a cumprir suas obrigações". Percebi que ele se referia ao dono de um grande restaurante e o convidei a dar uma volta pelo shopping, para mostrar que sua visão não representava a história toda. Era uma quinta-feira, por volta das 13h. O restaurante era bom, mas estava com apenas 15% de ocupação. O proprietário estava no local, e puxei assunto para que ele nos passasse sua opinião sobre a situação. Ele nos contou que estava frustrado com o movimento do centro comercial, que, após seis meses de abertura, estava distante das expectativas que lhe venderam nos catálogos do empreendimento. Apesar de tudo, ainda acreditava no sucesso e estava se esforçando para atingi-lo. Se descapitalizou com despesas imprevistas na abertura da loja, mas seguia a duras penas pagando o condomínio e tentando pagar dois boletos do aluguel para deixar um em aberto, até acertar o fluxo. Nunca tinha sido devedor.

Ao enxergar o outro como uma pessoa trabalhadora — que colocou seus sonhos, economias e energias no empreendimento — em vez de como um lojista abstrato, simplesmente classificado em uma planilha como devedor, o coordenador financeiro mudou por completo a abordagem. Passou a pensar em soluções para regularizar a situação, considerando o fluxo de caixa do lojista e ações que ele poderia promover com o apoio de outras áreas da administração do shopping. Quando nos identificamos com o outro, tendemos a mudar nossa postura em relação a ele. Estudos[21] indicam, por exemplo, que o mero ato de incluir uma foto na assinatura de e-mail aumenta o engajamento dos receptores da mensagem em relação ao remetente. Se além de identificá-lo, tivermos a curiosidade de entender como o outro pensa, teremos uma visão mais clara da situação.

Obtendo informações na mesa de negociação

A forma e o momento como as perguntas são colocadas determinam a obtenção de informações. Na conversa entre um potencial fornecedor de estrutura logística e o dono de uma loja virtual, a pergunta "qual é sua prioridade estratégica este ano?" pode soar intrusiva enquanto não houver confiança e conexão suficientes. Essa seria uma pergunta mais adequada para o meio da conversa. Uma boa pergunta inicial seria: "O que você espera de um serviço de logística?". A resposta pode dar uma ideia geral sobre prioridades, já que o dono da loja pode mencionar aspectos como necessidade de entrega rápida, custo do serviço, suporte ao consumidor ou capacidade de rastreamento das encomendas. Percebendo que alguns itens são enfatizados na resposta, o fornecedor terá importantes informações para guiar seu discurso de solução de problemas, tornando a conversa mais produtiva, em vez de detalhar todos os serviços que fornece, gerando desengajamento e perda de atenção do cliente.

Reciprocidade

Caso perceba o interlocutor muito fechado e evasivo, evitando compartilhar qualquer tipo de informação, é melhor dar o primeiro passo e começar a compartilhar algum dos seus interesses para estimular a reciprocidade, um poderoso princípio na negociação. Tendemos a ser cooperativos em resposta a atos que sinalizam cooperação.[22] Quando compartilhamos informações, aumentamos a conexão com o interlocutor e iniciamos um ciclo positivo de reciprocidade.

Após ter dado o primeiro passo, faça perguntas gerais para entender os interesses e necessidades do seu interlocutor. Ao fazer isso, a chance de que ele comece a revelar informações sobe de 19% para 40%. Seguindo esse movimento, além de abertura proativa de informações, solicitação de reciprocidade e aumento gradual da profundidade das perguntas, a probabilidade de receber boas respostas aumentará e provavelmente será estabelecido um diálogo produtivo. A habilidade de obter informações concretas sobre o real problema a ser resolvido permite que nossas propostas atendam com precisão às necessidades do outro, sem que recursos sejam desperdiçados.

Os benefícios de adotar uma postura de troca produtiva de informações são muito maiores do que os riscos envolvidos. Na dúvida, siga o caminho do compartilhamento gradual, começando por itens menos sensíveis e demandando reciprocidade do seu interlocutor.

Melhore a qualidade de suas perguntas

Para fazer bom uso das perguntas, é preciso definir a mais adequada para cada cenário e usar o tom correto. Muitos se preocupam apenas com seu conteúdo, mas a forma como são feitas pode ser até mais importante. Um mero "por favor" pode ter diversos sentidos, dependendo do tom em que foi dito. Da mesma forma, respostas às suas perguntas podem incluir "metamensagens" sutis, ou seja, mensagens subliminares que indicam pontos de concordância, discordância ou indecisão. Como neste exemplo,[23] em que há quatro frases iguais, mas a ênfase está em palavras diferentes:

Eu gostei dessa proposta. (Eu sim, mas os outros são contra)
Eu *gostei* dessa proposta. (Sou a favor da ideia, mas não adorei)
Eu gostei *dessa* proposta. (Achei melhor do que as outras propostas)
Eu gostei dessa *proposta.* (É apenas uma proposta, não algo definitivo)

Perguntas também podem revelar sutilmente suas expectativas. Certa vez estava em um almoço de negócios e presenciei um organizador de eventos convidar um profissional para palestrar. Era um evento interessante, que com certeza agregaria para o profissional. Não estava claro se o serviço seria remunerado, mas o organizador estava disposto a pagar bem pela palestra, se necessário. Em vez de perguntar "Como funciona a remuneração?", que sinalizaria expectativa de recebimento, o palestrante perguntou "O serviço é pago?", o que de forma sutil deu a entender que estaria aberto a participar sem receber pelo serviço. Acabou recebendo apenas uma ajuda de custo para deslocamento e alimentação.

Em uma classificação ampla, há duas formas distintas de perguntas: *abertas* e *fechadas*. Perguntas fechadas são aquelas que permitem respostas simples, do tipo sim/não. Já as abertas dão espaço para respostas mais elaboradas, que estimulam a obtenção de informações e a identificação de alternativas, prioridades e preferências. Estas últimas têm o poder de redirecionar a discussão.

Um erro comum que muitos negociadores cometem é transformar

uma pergunta aberta em uma fechada. Por exemplo:[24] "Você poderia descrever como é a relação com seu fornecedor atual? Ele está cumprindo seus objetivos?". A primeira é uma pergunta aberta, que estimularia uma resposta mais ampla. No entanto, ao colocar uma segunda pergunta, fechada, no final, a tendência é que seu interlocutor escolha responder a ela com um mero sim ou não, o que inviabilizaria a obtenção de informações valiosas para entender o contexto.

PERGUNTAS DE ENTENDIMENTO

Caso sua intenção seja obter uma visão geral dos interesses do seu interlocutor, perguntas abertas contendo, por exemplo, "como", "por que", "conte-me sobre", "quando", "quem" ou "qual" são mais eficazes. A pergunta "Poderia me *contar um pouco sobre como* você enxerga essa situação?" permite que seu interlocutor dê maior ênfase às questões relevantes sem que você precise tentar adivinhá-las por tentativa e erro com perguntas fechadas.

Perguntas de entendimento são o ponto de partida para compreender a perspectiva do seu interlocutor, mas 93% dos negociadores[25] deixam de fazer uso dessa importante ferramenta por acharem que já sabem as respostas. Cada problema demandará uma solução diferente, mas é preciso entender para poder resolver. Quanto mais irracional o outro parece, mais curioso eu fico para entender como alguém em sã consciência pode ter determinada visão sobre a situação. Isso me estimula a fazer mais perguntas para entender como essa linha de raciocínio foi criada. Sempre há alguma lógica nela, por mais absurda e distante do bom senso que possa parecer de início.

Para demonstrar entendimento, vá além da expressão "entendo". Diga exatamente o que você compreendeu. Mesmo que o outro esteja fechado, ele aproveitará a oportunidade para corrigi-lo, caso você tenha entendido algo errado. Segundo a professora Alexandra Carter, da Universidade Columbia, resumir o que a outra pessoa falou é uma das ferramentas mais poderosas que você pode usar na negociação, já que demonstra de forma efetiva que digeriu o que ela disse.[26] Além disso, permite que ambos extraiam mais da conversa. Outra ação eficaz é anotar os principais pontos do que seu interlocutor diz: além de sinalizar consideração, isso facilita lembrar esses interesses, quando for propor soluções. Estudos indicam[27] que, após ouvir alguém falar, recordamos apenas metade do que foi dito, mesmo que estejamos escutando com atenção.

PERGUNTAS DE FOLLOW-UP

Perguntas de follow-up são úteis para estimular seu interlocutor a falar mais caso ele esteja reticente ou forneça informações incompletas. Exemplos desse tipo de pergunta são: "O que mais?", "conte-me mais", "o que aconteceu depois?" ou apenas sinalizar entendimento com breve "entendi" ou "aham", seguido de silêncio, que é uma pressão natural para que continuem falando.[28]

Por exemplo, se um fornecedor diz que não conseguiria cumprir o prazo ou menciona que precisaria de mais tempo, é necessário aprofundar a questão, com perguntas do tipo: "Você poderia ser mais específico?" ou "de quanto tempo estamos falando?", antes que a conversa siga outro rumo.

PERGUNTAS-RESUMO

Nos casos em que muitos pontos foram discutidos e há questões que poderiam gerar diferentes interpretações, é muito útil usar perguntas-resumo, que sumarizam o que foi abordado e clarifica sua interpretação: "Então pelo que entendi, acertamos que o serviço terá o escopo x, com prazo de entrega y, envolvendo n pessoas, a um custo fixo de z, é isso?".

PERGUNTAS DE CONFIRMAÇÃO

Como mencionado, perguntas abertas são úteis para obter um panorama, principalmente no início da interação, ao passo que perguntas fechadas têm papel importante para checar informações ou torná-las mais precisas.

Ao perceber que seu interlocutor está sendo evasivo, feche suas perguntas de forma que ele seja obrigado a responder sim ou não. Aproveite trechos do que ele disse para solicitar informações aprofundadas. Se, por exemplo, ele afirmar não ter certeza de algo, pergunte como poderiam verificar essa informação em conjunto ou quando teria acesso ao dado que a confirmaria.

Temos maior tendência a responder de forma sincera e profunda a questões sensíveis se forem feitas suposições em tom pessimista. Estudos[29] revelam que perguntas colocadas dessa forma — "Esse negócio precisará de novos equipamentos em breve, correto?" — obtiveram respostas menos mentirosas do que se colocadas de forma otimista ("Os equipamentos estão em bom estado, correto?"). Ao gerir sua equipe, em vez de perguntar se está tudo bem, pergunte: "O que pode nos impedir de entregar esse projeto no prazo?". Supondo que as vendas estejam abaixo do esperado, pergunte: "O que pode estar impactando negativamente as vendas desse mês?" em vez de "Como estão as vendas?". Ao perceber abertura para abordar questões sensíveis, é mais provável que as pessoas o façam, em vez de responderem de forma genérica.

Outra utilidade de perguntas de confirmação é buscar pontos que talvez não tenhamos identificado antes. Por exemplo, ao perguntar no final da conversa: "Existe mais algum ponto crítico que não tratamos até agora e que poderia impactar o prazo desse projeto?".

PERGUNTAS NEUTRAS

Para aumentar as chances de que sua pergunta gere respostas abertas e esclarecedoras, é importante colocá-las da forma mais neutra possível.[30] Muitas vezes nos fechamos para perguntas quando as mesmas estão carregadas de argumentos ou **são** feitas de maneira que direcionem respostas (as chamadas *leading questions* ou perguntas direcionadoras).[31] "Você não acha que somos o prestador de serviços ideal para esse projeto?" ou "Você concorda que os benefícios que geramos são muito claros?" são perguntas que carregam uma argumentação velada e que, se percebida, coloca o interlocutor na defensiva, evitando falar abertamente sobre seus interesses ou reais restrições.

Uma opção para estimular boas respostas é adicionar uma breve explicação no início da pergunta. Assim: "Alguns clientes preferem enviar um planejamento trimestral de pedidos de compra para obter um frete mais vantajoso em entregas programadas. Outros exigem entrega imediata para ganhar agilidade, mesmo que saia mais caro. Como essa questão de planejamento de entrega funciona para vocês?". Ao explicar o objetivo da pergunta, ela passa a ser menos intrusiva e ameaçadora.

Usadas no tom certo e no momento propício, perguntas neutras têm o poder de transformar um debate em um diálogo. Certa vez, um gerente da empresa em que eu trabalhava estava em um "cabo de guerra" com um cliente, discutindo posições rígidas. Ele dizia "exijo pagamento à vista", e o cliente retrucava "só posso pagar a prazo". O cliente fez, então, a seguinte pergunta: "Para que possamos pensar em algumas soluções, poderia explicar por que receber pagamento à vista é tão importante para você?". Com alguma relutância, o gerente abriu a informação de que teria que pagar quase 20% de impostos logo após a emissão da nota fiscal (substituição tributária) e que, como o valor da venda era alto, essa carga tributária teria grande impacto no seu fluxo de caixa. O cliente então se propôs a pagar 20% do valor à vista para cobrir esses impostos e o restante em noventa dias, que era o período suficiente para revender os produtos e obter caixa para lhe pagar. Perguntas neutras voltadas para a descoberta do real problema a ser resolvido podem transformar uma disputa de posições em uma conversa de entendimento de interesses e necessidades, e possibilitar soluções criativas.

Deixe espaço para que as pessoas possam dizer não

O *não* é um sinal de defesa e atende a necessidade humana de preservar sua autonomia. Um exemplo disso[32] é surpreender seu chefe ao pedir um aumento sem agendar uma reunião. Na negociação salarial, o ideal é que a outra parte esteja preparada. Quando as pessoas não têm oportunidade de pensar efetivamente sobre uma proposta, a tendência é que digam não. Essa negativa é uma defesa para nos proteger de tomar decisões ruins e impensadas. Quando não sabemos ao certo o que fazer, o não é a resposta mais prática e segura que vem à cabeça. Ao ser pego desprevenido, há grandes chances de seu chefe dizer rapidamente que não dá para pensar em aumento agora e dar alguma justificativa genérica.

O *não* é o ponto de partida da negociação.[33] Sempre há algum problema a ser resolvido. Quanto mais cedo descobrimos qual é o problema, mais tempo útil teremos na interação para resolvê-lo. Para descobri-lo, uma tática é usar perguntas orientadas para o não, deixando seu interlocutor à vontade para apontá-lo. Ao perguntarmos "Você achou o projeto interessante?" para um cliente que ainda não está totalmente convencido a adotar sua solução, a tendência é que ele responda algo neutro, de forma sucinta, para não se comprometer. Por outro lado, se perguntamos "Este projeto está muito distante do que vocês buscam?", a tendência é que ele responda que *não* e aprofunde a resposta: "O projeto tem alguns pontos positivos, mas...". Esse *mas* revelará o que ainda precisamos construir.

Muitos vendedores são adeptos de roteiros de vendas orientados para o *sim*. Acreditam que obter várias sinalizações positivas ao longo da conversa lhes aproxima de um "sim" final. Mas, na realidade, o oposto é mais provável de acontecer. Um vendedor de seguros começou a seguinte interação comigo: "Você se preocupa com sua família?", "Gostaria de manter o padrão de vida de seus filhos, mesmo que algo lhe impedisse de trabalhar?", "Acharia vantajoso ter uma renda mensal garantida até seus filhos completarem dezoito anos?". Obviamente, qualquer pessoa em sã consciência responderia sim para todas essas perguntas. A questão é que, ao perceber essa tática, fui me fechando. Na ausência de espaço para dizer não, sentimos que estamos perdendo o controle sobre nossa capacidade de decisão e ficamos inseguros.

Antigamente, eu ouvia o vendedor pensando em como o rejeitaria no final, de forma sutil. Hoje, sabendo o quão roteirizada, mecânica e artificial é essa abordagem, agradeço a oportunidade e me limito a dizer que não tenho interesse na primeira pausa respiratória que me dão.

Normalmente tentam insistir, apelando ao fato de eu ter concordado com tudo o que foi dito anteriormente, mas digo que "mesmo sem fazer sentido, não tenho interesse".

Lidando com perguntas indesejáveis

Em muitas negociações, precisaremos lidar com perguntas indesejáveis, seja por desconforto ou por acharmos que as respostas seriam prejudiciais aos nossos objetivos. A pergunta "Você tem outras propostas?" é difícil de ser respondida e não há saída fácil para ela. Respondê-la de forma honesta ("Não tenho outras propostas"), apesar de estimular a transparência e a conexão entre as partes, pode ser economicamente custoso. Recusar-se a responder, alegando que não se sente confortável para falar sobre isso ou simplesmente dizendo "Isso não vem ao caso", apesar de reduzir os potenciais danos econômicos, estremece a relação, pois temos tendência a confiar menos em quem oculta informações. Muitos preferem mentir, mas essa é a saída mais arriscada de todas. Apesar de poder gerar benefício econômico imediato, essa vantagem será provisória e pode gerar sérios efeitos de reputação — retaliação, falha na execução do acordo ou rompimento do relacionamento. Na absoluta maioria das vezes, a mentira é mais prejudicial do que uma vitória momentânea. Uma quarta opção, que comprovadamente[34] reduz esses custos sociais e econômicos para responder perguntas difíceis, é a "deflexão", que é responder uma pergunta com outra pergunta, devolvendo a bola para a outra pessoa. Se usada no tom certo, pode dissipar a pressão momentânea e desviar a questão incômoda. Nesse caso, um exemplo de deflexão para a pergunta "Você tem outras propostas?" seria "Por quê, você pretende me fazer uma proposta?". Apesar de sutil, a deflexão é altamente eficaz para redirecionar a conversa: 77%[35] dos negociadores respondem à pergunta devolvida.

A melhor forma de neutralizar respostas evasivas contra você é usar perguntas fechadas e específicas. Na compra de um carro usado, por exemplo, ao simplesmente perguntar "Qual é o histórico desse carro?", é possível que o vendedor oculte informações ou minta por omissão.[36]

Ao perguntar especificamente "Esse carro já teve algum acidente ou conserto relevante?", o vendedor terá menos espaço para mentir.

Já para evitar mentir em questões sensíveis, outras estratégias são responder à pergunta que você gostaria que tivesse sido feita[37] ou expressar sua resposta de uma forma que seja verdade. Para a pergunta "Você tem outras propostas?", considerando que você não tenha outras propostas, respostas nesse sentido seriam: "Acabei de iniciar a busca por potenciais compradores", "Estou na etapa de começar a ouvir propostas, para depois decidir". Em uma entrevista de emprego, ao ser perguntada se pretende ter filhos, uma mulher poderia responder: "Não estou ativamente tentando ter filhos" ou "No momento não tenho esse plano". Essas frases são verdadeiras ao mesmo tempo que não restringem sua capacidade futura de agir de outra forma.

Escolha o meio de comunicação mais adequado para sua negociação

O tom de voz, expressões, gestos e sinais visuais correspondem a mais de 65% da comunicação.[38] Pesquisadores já identificaram aproximadamente um milhão de sinais não verbais e considera-se que os humanos reconheçam até 250 mil expressões faciais.[39] Filhos conseguem interpretar um olhar de reprovação dos pais, antes mesmo que eles falem algo.

Apesar de podermos obter percepções valiosas por meio da linguagem corporal, principalmente para identificar desconforto, é preciso ter cuidado para não confiar cem por cento em técnicas de leitura corporal, que podem levar a percepções enviesadas. Mesmo que você esteja muito treinado em leitura corporal, não seja rígido na análise de expressões. No caso de braços cruzados, por exemplo, apesar de teóricos[40] dizerem que é um gesto de defesa em qualquer situação, é possível que a pessoa simplesmente esteja com frio. Ao se comunicar, observe de forma atenta, com todos os seus sentidos, já que muito provavelmente seus instintos sinalizarão caso houver algo errado. Isso pode ser suficiente para que você busque mais informações externas ou adie a decisão até que esteja mais seguro.

A escolha do meio de comunicação para conduzir a negociação contribui para seu sucesso e deve ser estratégica. Os meios diferem entre si basicamente pela riqueza de sinais[41] e pelo nível de sincronismo na comunicação.[42] Desde o e-mail (meio assíncrono e menos rico em sinais), passando por mensagens instantâneas, telefone e videoconferência, os canais vão adquirindo riqueza de sinais e sincronismo até chegar ao presencial, canal de comunicação no qual estão presentes todos os sinais verbais e não verbais e há total sincronismo entre os interlocutores.

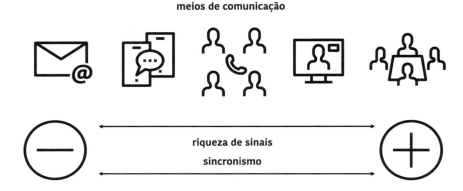

Não existe meio melhor ou pior, e sim o mais adequado a cada situação e objetivo.

Presencial: encontros presenciais são os mais eficazes para o estabelecimento de conexão entre os interlocutores e, consequentemente, para a criação de valor na negociação.[43] O fato de visualizar as reações das pessoas com as quais nos comunicamos permite entrar em sintonia mais rapidamente, discutir questões mais profundas e desfazer de imediato algum mal-entendido ao perceber expressões negativas de seu interlocutor. Por esses motivos, também é o meio de comunicação ideal para conversas com alto potencial de conflito, como demissões e reuniões de feedback. Além disso, costumamos ser menos hostis pessoalmente: comentários negativos, que incendeiam a conversa, são oito vezes mais prováveis de acontecer por e-mail do que presencialmente.[44]

Temos probabilidade até sete vezes maior de obter atenção e con-

TERCEIRO PILAR: COMUNICAÇÃO

cordância em pedidos se os fizermos pessoalmente, já que as pessoas evitam ao máximo dizer não cara a cara.[45] Embora seja mais prático e confortável pedir favores por e-mail, também é muito mais fácil ser ignorado.

Apesar de o meio presencial ser o que permite maior conexão, amarrar demais o processo para forçar reuniões físicas pode gerar desconexão. Eu, por exemplo, já desisti de adquirir um serviço porque o fornecedor insistia demais que nos encontrássemos presencialmente para explicar a fundo sua proposta, enquanto uma ligação telefônica me satisfaria.

Videoconferência: é o meio mais similar ao presencial. Tem leve perda de sincronismo — o que pode gerar interrupções mútuas —, mas o fato de enxergar o outro contribui bastante para a comunicação não verbal. Nas negociações, o ideal é que em algum momento os negociadores se conheçam pessoalmente ou por videoconferência, já que isso tem impacto positivo sobre a confiança entre os envolvidos. Em transações corriqueiras ou entre pessoas que já possuem relacionamento prévio, mensagens ou e-mails tendem a ser suficientes.

Mesmo que se sinta tentado a executar múltiplas tarefas durante uma videoconferência (checar mensagens e e-mail, por exemplo), o ideal é resistir, principalmente em reuniões com poucas pessoas, pois seu desengajamento pode ser notado. Um estudo[46] indica que dividir a atenção entre seu interlocutor e equipamentos eletrônicos pode gerar resultados 34% piores na negociação e prejudicar a forma como você é avaliado.

Telefone: tem a vantagem de darmos nosso tom de voz e percebermos variações bruscas na fala do outro, mas não permite observar as expressões corporais do interlocutor. Também torna difícil identificar se os outros estão realmente prestando atenção ao que falamos. É um meio em que a comunicação fica muito truncada. Por vezes cortamos uns aos outros por não sabermos se a pausa significava o fim do discurso ou se o outro lado da linha só estava respirando fundo.

Mensagens de texto: vêm se consolidando como ferramenta para melhorar a eficiência nas negociações, mas, como em qualquer meio escrito, gera perda de sinais não verbais, o que pode provocar falhas de entendimento e conflitos.[47] Os *emojis* são uma forma de diminuir essa ausência, mas também permitem múltiplas interpretações. Usar esse meio nos momentos em que estamos executando outras tarefas pode gerar mensagens com erro de escrita ou sucintas demais, que podem parecer rudes ou frias. Pessoas tímidas e que evitam conflitos podem se sentir mais à vontade para expressar seus interesses de forma escrita.

Mensagens e e-mails permitem pensar entre as respostas ou até desacelerar o processo de negociação, impactando o nível de concessões. Presenciei o caso de um amigo que estava negociando por WhatsApp com um vendedor. Ele teve que interromper a troca de mensagens para participar de uma reunião. Duas horas depois, ao acessar seu celular, leu que o vendedor ansioso tinha reduzido seu preço em 35% ao se assustar com o silêncio do meu amigo.

E-mail: possui baixo sincronismo e pouca riqueza de sinais não verbais. Você pode levar muito tempo até perceber que foi mal interpretado ou talvez nem tenha a oportunidade de desfazer uma impressão ruim.

A comunicação escrita é indicada quando seus argumentos são bem sólidos, pois permite fazer associação entre eles e usar palavras fortes. Também é útil quando não queremos deixar transparecer nossas emoções. Sinais visuais revelariam ansiedade ou raiva, por exemplo.

Pesquisas indicaram que negociações por e-mail geram mais erros de entendimento, conflitos e impasses do que as presenciais, reduzindo a identificação de benefícios mútuos.[48, 49] Emoções, que em média são identificadas 58% das vezes em negociações presenciais, são percebidas em apenas 22% das interações por e-mail.[50] Ou seja, há uma discrepância muito grande entre o que sentimos e o que transmitimos.[51] Ao perceber sinais de que sua mensagem foi mal interpretada, é melhor falar ao telefone ou tentar encontrar a pessoa (mesmo que virtualmente) para desfazer a má impressão.

Certa vez precisei conduzir uma negociação de aluguel de imóvel com um proprietário que tinha o costume de dominar a conversa e interromper a fala do outro. Imaginei que sincronismo demais seria prejudicial para apresentar meus argumentos. Então, preferi usar o e-mail para descrever os pontos de forma mais profunda, aumentando as chances de que fossem considerados. Caso eu tivesse um relacionamento próximo com ele, poderia ter ligado antes ou enviado uma mensagem de voz, dizendo: "te enviarei um e-mail para abordar algumas questões relacionadas ao aluguel. Se tiver alguma dúvida ou quiser conversar melhor, podemos nos falar por telefone depois", o que minimizaria as chances de ele considerar o e-mail muito impessoal.

Com a vida corrida, mensagens se tornaram curtas e os e-mails cada vez mais rasos (72% das pessoas usam e-mail no smartphone).[52] É sempre indicado reler as mensagens antes de enviar para avaliar se o tom tem potencial de ser mal interpretado. Se concluir que há risco, vale a pena complementar a parte mais sensível com uma mensagem de voz ou uma ligação para adicionar tom às palavras. Já houve casos em que tive uma impressão ruim da pessoa com a qual estava trocando e-mails, mas, ao realizar uma videoconferência, pude desfazer essa visão.

Antes de escolher o meio de comunicação mais adequado, reflita se você deseja observar sinais não verbais, transmitir suas emoções e que ritmo de interação é mais benéfico para seus objetivos. Caso conclua que está ansioso demais para essa negociação e que a percepção do seu estado emocional pode ser mal interpretada pela outra parte (por achar que você está desesperado para fechar qualquer negócio), o ideal é escolher meios de comunicação com menos riqueza de sinais (como mensagem ou e-mail), o que evitaria essa percepção. Já nos casos em que você entender que uma mensagem escrita pode ser mal interpretada, é melhor escolher meios de comunicação com maior riqueza de sinais (videoconferência/presencial) para que possa dar o tom correto e observar imediatamente as reações do seu interlocutor, corrigindo qualquer mal-entendido.

QUARTO PILAR
Táticas

UMA PERGUNTA QUE OUÇO MUITO É: "Qual seria uma tática infalível para ter sucesso em qualquer negociação?". Por ter uma natureza *coletiva, dinâmica e situacional*, essa pílula mágica não existe. *Coletiva* porque ela depende da concordância ou decisão de outra pessoa. *Dinâmica* porque está em constante mudança, já que novas informações podem se revelar, alternativas podem surgir ou desaparecer, prazos podem se alargar ou expirar. *Situacional* porque a mesma pessoa, em situações distintas, pode se comportar de maneira completamente diferente dependendo de suas necessidades, restrições, emoções e visão do cenário. Táticas que funcionariam de forma perfeita em uma situação podem ter efeito catastrófico em contextos ligeiramente distintos.

Toda tática depende da singularidade das pessoas envolvidas, da forma como é aplicada, da percepção dos interlocutores e do contexto. Ou seja, a tática certa usada de forma errada, no momento inoportuno, pode ser desastrosa e gerar resultados piores do que se não tivesse sido usada tática alguma.

Desconsiderando conselhos genéricos

É muito comum ouvirmos conselhos que se aplicariam a qualquer cenário, como: *nunca* faça a primeira oferta, *sempre* proponha primeiro, o comprador é *sempre* mais poderoso, sempre faça ofertas agressivas e vá concedendo aos poucos, não compartilhe seus interesses, deixe seu interlocutor desconfortável, abandone a mesa de negociação para demonstrar indiferença, entre tantos outros.

Recentemente, eu estava em um restaurante tomando café da manhã e ouvi dois amigos conversando na mesa ao lado. Eles falavam sobre o negócio que um deles tinha feito, relativo à venda de um equipamento de sua empresa. Ao ouvir a proposta inicial que seu amigo tinha feito, o outro disse: "Isso é negociação. Você tinha que ter proposto o dobro para fechar mais alto".

Em minha experiência orientando centenas de profissionais em treinamentos corporativos, vejo o quanto esses conselhos genéricos ouvidos ao longo da carreira acabam atrapalhando mais do que ajudando. Eles apenas confundem ainda mais as pessoas, que se sentem desconfortáveis em ir contra essas dicas mesmo que seus instintos sinalizem que não seria o melhor rumo a seguir naquele caso.

Assim como um relógio, que mesmo quebrado acerta duas vezes por dia, essas afirmativas podem estar certas em determinadas situações, mas serão muito erradas em outras. Mesmo que às vezes você acerte, o problema é quando você erra sem perceber e acaba não mudando sua abordagem futura. Em minha atuação como gestor comercial, é comum presenciar duas posturas típicas em vendedores que insistem em usar táticas padrão, em qualquer cenário. Quando fecham negócio, atribuem o sucesso a fatores *internos*: sua habilidade e experiência. Quando dá errado, o fracasso é atribuído a fatores *externos*: crise econômica ou limitações do cliente. Esse fenômeno, conhecido como viés da autoconveniência, é uma maneira de distorcermos a realidade para manter nossa autoestima elevada, criando uma ilusão quanto às próprias capacidades.

Não tente simplesmente decorar táticas universais para serem aplicadas indiscriminadamente, como se fossem receitas de bolo. É melhor entendermos a situação para identificarmos quais ferramentas seriam

QUARTO PILAR: TÁTICAS

mais adequadas aos nossos objetivos, avaliando os riscos que correria e os potenciais benefícios que poderiam ser gerados ao usá-las. Quando entendemos o que está por trás de cada tática, fica mais fácil adotá-las, adaptá-las ao contexto e combiná-las a outras táticas, caso necessário. E lembre-se que esse é apenas um dos cinco pilares da negociação estratégica.

Entendendo táticas para decidir o uso mais adequado

O maior benefício de se usar táticas de negociação com naturalidade é o fato de impactarem a forma como o interlocutor toma decisões. Negociação envolve percepção e influência. A forma como o outro percebe nossos atos, necessidades e disposição para fazer um acordo influencia a tomada de decisão dele. Assim, é preciso atentar para a impressão que você pode estar passando e também conhecer um pouco de psicologia e economia comportamental para entender como o ser humano toma decisões. Mais do que arte e ciência, a negociação é um ofício, definido no dicionário como "qualquer atividade que requer técnica e habilidade específicas".

Decisões sobre colocar uma proposta na mesa ou ouvir primeiro uma referência de valor podem fazer muita diferença no desenrolar da negociação. A escolha do nível da primeira proposta, alta ou baixa, pode ser determinante para o resultado. Ao entendermos essas questões táticas, podemos incorporá-las à nossa "caixa de ferramentas" e usarmos quando e se acharmos necessário. Com isso, passamos a usá-las naturalmente e estaremos atentos caso usem-nas conosco. No momento de escolher qual tática usar, é importante sempre analisar a situação específica, relacionando-a aos nossos objetivos e aos riscos que estamos dispostos a correr. Artimanhas não são necessárias. Seja você mesmo, entenda o problema, busque comunicação, administre emoções e use táticas com parcimônia, adaptando-as ao contexto específico.

Passei por uma situação interessante com meus amigos na Copa do Mundo de 2006, na Alemanha. Como os ingressos para os jogos eram concorridos, buscamos comprar ingressos de seleções de menor expressão. Compramos clássicos como Ucrânia x Tunísia, Irã x Angola e Suíça x Togo. Durante a Copa, percebemos que havia um sistema oficial para a transferência de ingressos entre torcedores. Nos ofertaram ingressos para dois jogos do Brasil, mas, para comprá-los, precisávamos vender alguns dos nossos.

Nosso plano era chegar cedo aos estádios e ficar tomando cerveja nos arredores. Se conseguíssemos comprador, venderíamos. Caso contrário, assistiríamos aos jogos. Tivemos sucesso no primeiro jogo. Não conseguimos vender no segundo. No terceiro — Ucrânia x Tunísia — tínhamos dois ingressos caros, comprados por 110 euros cada. Meia hora antes da partida, fomos abordados por dois tunisianos, e começou a negociação tática. Primeira decisão: quanto pedir pelos ingressos? Seguir o conselho básico de colocar uma referência de valor acima do alvo ou oferecer um preço especial para aumentar as chances de vender rapidamente, já que havia concorrentes com ingressos mais acessíveis? Vimos pessoas oportunistas sendo denunciadas no guichê da FIFA por oferecerem ingressos acima do preço pago. Decidimos usar a abordagem de justificar o motivo da venda para tirar o peso de uma transação comercial. Falamos que estávamos dispostos a vender os ingressos de alguns jogos para comprar outros e que não éramos cambistas. Logo, venderíamos pelo exato valor que pagamos (impresso no ingresso) e que se não vendêssemos, assistiríamos à partida tranquilamente. Os tunisianos pareciam gostar do jogo da barganha, e fizeram uma contraproposta de cinquenta euros. Sem pestanejar, repetimos que venderíamos pelo valor de face ou assistiríamos ao jogo. Ofereceram sessenta euros. Falamos que se a questão fosse o valor, eles conseguiriam comprar ingressos em lugares inferiores por esse preço, mas que perderiam uma oportunidade de assistir à sua seleção — que normalmente fica fora de Copas — a poucos metros de distância do gramado. Eles falaram: "Ok, vocês venceram. Pagaremos cem euros". Rimos e falamos que não pretendíamos vencer ninguém, só não queríamos perder dinheiro. A essa altura, já faltando dez minutos para o início da partida — o fator tempo exercia mais pressão sobre eles do que sobre nós, que não ligávamos de perder o hino nacional tunisiano, eles falaram: "Última oferta: 105 euros!". Meu amigo, já irritado, falou: "É uma pena, mas vocês perderão a oportunidade de assistir à sua seleção por cinco euros. É isso mesmo?". Eles sinalizaram que sim com a cabeça e saíram, sem comprar os ingressos.

Meu amigo ficou feliz por nossa firmeza em não ceder às táticas dos tunisianos. Certamente, a questão de ego era maior do que a diferença de cinco euros. Eles queriam poder dizer que barganharam e pagaram abaixo do valor original e nós não queríamos permitir isso, ainda mais sob pressão. Perguntei para o meu amigo: "Se não tivesse ingresso, você pagaria 105 euros para assistir a Ucrânia x Tunísia?". Ele falou: "Com certeza não!". Eu disse: "É isso que estamos fazendo agora. Damos mais valor a 105 euros do que aos ingressos, mas continuamos com eles... Vamos vendê-los". Ele topou, mas não quis abordar os tunisianos novamente para não "reconhecer a derrota". Fui sozinho e falei: "Parabéns, vocês assistirão à sua seleção. Corram porque o hino deve começar agora" e peguei nossos 210 euros pelos dois ingressos.

Analisando o que poderíamos ter feito de diferente na interação, eu mudaria pouca coisa. Não transmitimos desespero, a justificativa de vender pelo valor de face era boa e, ademais, tínhamos utilizado o tempo como fator de pressão. Ao falar da seleção deles, usamos a persuasão e aversão à perda. Resignado, meu amigo afirmou que tínhamos feito tudo certo. Eu disse que, "na mesa", sim —, mas que poderíamos ter feito outros movimentos, "fora da mesa", para conseguir um resultado melhor. Poderíamos ter frequentado pontos de concentração das torcidas na véspera do jogo, ter chegado mais cedo ou anunciado os ingressos na internet. Já os tunisianos podem ter achado que o "segredo" foi terem feito o ultimato de pegar ou largar e "abandonado a mesa", mas isso não foi fator decisivo. No outro jogo em que vendemos ingresso, três torcedores tentaram essa mesma tática conosco, sem sucesso. Nesse caso, vendemos porque achamos que faria mais sentido, *apesar* da tática deles, que quase inviabilizou a venda por questões de ego. Se eu não tivesse aquele momento de lucidez, a venda não teria acontecido, e, àquela altura, eles muito provavelmente perderiam o jogo, porque não havia mais ingressos sendo vendidos.

Pode ser que você faça tudo certo e ainda assim não consiga atingir seus objetivos. Nesses casos, pelo menos ficará a certeza de ter feito tudo o que estava a seu alcance, ou a reflexão de que movimentos "fora da mesa" de negociação poderiam ter contribuído favoravelmente. Muitos negociadores dão peso excessivo a táticas de barganha, mas se esquecem de que a negociação "formal", cara a cara com o interlocutor, é apenas uma dimensão da negociação. Como ensinou meu professor na Harvard Business School, James Sebenius: "Não dá para ser um negociador 1D — aquele que atua em apenas uma dimensão —, em um mundo 3D".

Em seu livro *Negociação 3D*, ele afirma que táticas na mesa de negociação são apenas uma dimensão, e que o *desenho do acordo* (abordagem sistemática para identificar e criar valor) e a *configuração* (ações "fora da mesa" que remodelam a situação, como a abordagem das partes certas na sequência correta) são essenciais para identificar os obstáculos a um acordo e superá-los de forma que as táticas sozinhas não conseguiriam. Ao enxergar a negociação de forma mais ampla, sabendo *o que* se está buscando e *onde* procurar, as chances de sucesso aumentam significativamente.

Essa tática de "abandonar a mesa" da negociação, por exemplo, é muito arriscada. Pode funcionar quando nosso interlocutor não tem alternativas e depende desse acordo. Como ele não sabe até que ponto estamos dispostos a ceder, ao ameaçar deixar a mesa de negociação, sinalizaríamos desprendimento em relação ao negócio. É um forte e convincente sinal para comunicar que chegou ao limite. Mas se ele tiver alternativas fortes, nos deixará partir, fechando as portas para reestabelecer a negociação. Caso tentássemos retomá-la, certamente voltaríamos fragilizados.

É possível ser assertivo para sinalizar a chegada ao limite sem abandonar as negociações, assim como também é possível encerrá-las por um tempo e deixar a porta aberta para contatos posteriores. Isso permite a apresentação de novas variáveis sem demonstrar desespero. O gestor de uma empresa para a qual dei treinamento me perguntou se valia a pena usar a tática de abandonar a mesa de negociação, pois o diretor fazia isso com frequência, dando o exemplo de dois grandes negócios que havia fechado assim. Minha resposta foi uma pergunta: "E os que ele não fechou?". Se fazemos dez vezes e funciona duas, o índice de aproveitamento é péssimo. Se não pudermos correr riscos em termos financeiros e de relacionamento, essa tática não vale a pena.

Persuasão e influência

Por que algumas pessoas são mais persuasivas do que outras? Em reuniões com muitos participantes, por que alguns recebem atenção imediata e outros não conseguem ter voz?

Para entender essa questão, é preciso analisar três diferentes habilidades interpessoais: *influência, persuasão* e *negociação*.

Influência: envolve todos os fatores verbais e não verbais que afetam a forma como os outros reagem a você. Os efeitos de sua influência se iniciam antes mesmo de começar sua argumentação, e sua credibilidade como influenciador pode ser suficiente para que os outros lhe sigam.

Persuasão: é uma habilidade verbal que envolve o uso de argumentos para apresentar suas ideias. Quando (e se) você tiver a oportunidade de se expressar, começa a persuasão. De maneira geral, tentamos persuadir os outros a direcionar recursos para determinada finalidade, sejam eles tangíveis, como dinheiro, tempo ou bens, ou intangíveis, como carinho, atenção ou esforço.

Negociação: é uma forma especial de persuasão que se torna necessária quando os recursos são escassos e é preciso acomodá-los através de trocas. A persuasão é uma via de mão única (meus argumentos por si só podem ser suficientes para gerar ação), mas na negociação é preciso oferecer contrapartidas. É possível influenciar e persuadir os outros sem precisar efetivamente negociar.

Diversos aspectos estão relacionados a essas atividades e é importante distinguir os casos em que será preciso negociar daqueles que se resumem ao uso dessas outras habilidades interpessoais para atingir objetivos. Em muitos casos, uma troca não seria necessária nem mesmo recomendável, já que as pessoas até fariam algo de graça, mas não fariam por pouco dinheiro, por mais paradoxal que seja. Um exemplo foi quando a AARP (Associação Americana para Pessoas Aposentadas) questionou alguns advogados se eles estariam dispostos a prestar serviços a um preço baixo (trinta dólares por hora) para aposentados. A resposta foi negativa. Brilhantemente, o gestor da instituição decidiu mudar a abordagem: perguntou aos advogados se ofereceriam serviços gratuitos para aposentados pobres. A esmagadora maioria concordou. Esse exemplo foi citado no livro *Previsivelmente irracional*, em que o autor Dan Ariely explica que isso acontece quando *normas sociais* se chocam com *normas de mercado*. Quando lhes ofereceram trinta dólares por hora, os advogados aplicaram intuitivamente normas de mercado para classificar essa quantia como irrisória para a prestação de seu serviço e se sentiram mais à vontade para negar a solicitação. Ao solicitar o trabalho voluntário em prol de pessoas necessitadas, normas sociais são ativadas e a pessoa fica mais propensa a se esforçar, mesmo que gratuitamente, por uma causa nobre. De forma similar, para expressar gratidão a um amigo por um grande favor prestado, é mais indicado lhe dar um presente do que o respectivo valor em dinheiro. Estudos demonstraram inclusive que participantes chegam a se esforçar mais sob normas sociais do que mediante pagamento.

Em se tratando de aspectos essenciais à influência, o principal deles é a credibilidade. No ambiente de trabalho, ela vem de duas fontes: expertise e relacionamento. A credibilidade pode fazer com que os outros sigam nossos passos sem que precisem ser convencidos, e essa é a base para que nossos argumentos sejam construídos, apresentados e considerados. Sem ela, talvez nem sejamos ouvidos.

Seis canais de persuasão

Para persuadir, é importante se conectar com a audiência. O livro *The Art of Woo* apresenta seis canais de persuasão, e indica que a escolha do canal correto para se sintonizar com seu público é determinante para a persuasão.[1]

QUARTO PILAR: TÁTICAS

1. **Interesses:** apresentar sua ideia endereçando os interesses e necessidades do outro.

Na ânsia por convencermos as pessoas de algo, acabamos focando apenas nos nossos interesses ao apresentar argumentos. Por exemplo: Um vendedor de loja pede o e-mail do cliente, com o argumento de "manter o cadastro atualizado no sistema". Essa linha de argumentação é focada apenas nos interesses da loja, sem conexão com os do cliente. Por outro lado, se o vendedor pedisse o e-mail dizendo: "Enviamos promoções exclusivas para clientes cadastrados. E não se preocupe, porque a frequência de envio é baixa", ele se conectaria com os interesses do cliente de ter condições especiais de compra e de não ser incomodado com mensagens frequentes.

2. **Autoridade:** apelar para seu poder, posição hierárquica ou para regras autoritárias.

É muito utilizada em empresas, quando chefes usam sua posição para fazer valer sua opinião, e nas relações entre pais e filhos. O problema do uso excessivo e frequente desse canal é que ele desgasta a relação e gera frustração na parte persuadida, que sente falta da autonomia. Seria possível preservá-la, mesmo em relações de hierarquia. Por exemplo: um chefe que exige de uma pessoa de sua equipe que fique no escritório até depois do horário para finalizar um projeto poderia dar a opção de escolha entre: realmente ficar até mais tarde no escritório, terminar a tarefa em casa ou chegar mais cedo no dia seguinte.

3. **Político:** uso de coalizões e trabalho de bastidores para costurar apoio a uma iniciativa.

Um estudo sueco indicou que 95% das empresas possuem algum tipo de atividade política em seu ambiente.[2] Saber como obter apoio de diferentes áreas ou interlocutores nos estágios iniciais de um projeto pode ser fundamental para que ele se concretize.

4. **Racionalidade:** usar dados, evidências e questões objetivas para apresentar seu ponto e, com isso, influenciar as atitudes da audiência.

   Em muitos casos, os dados serão determinantes. Em outros, você não conseguirá avançar caso não toque o coração das pessoas com seu discurso.

5. **Inspiração e emoção:** é a persuasão "visionária", que procura captar as pessoas através de emoções como esperança, desejo, pertencimento ou orgulho. Ela fala com os corações das pessoas. Líderes visionários e carismáticos compartilham suas visões de futuro e dão propósito ao grupo, fazendo com que as pessoas se sintam parte de algo maior. Usar expressões como "time dos sonhos" e "esquadrão de elite" para designar grupos são formas de evocar esse espírito.

6. **Relacionamentos:** canal em que similaridade, conexões, afinidades e reciprocidade são usados para abrir portas ou obter apoio. Temos maior tendência a dizer sim para indivíduos que estimamos, conhecemos melhor e com quem nos identificamos.[3] Além disso, sociólogos e antropólogos definem a regra da reciprocidade como uma das mais generalizadas e básicas da cultura humana. Ela consiste em nos sentirmos impelidos a retribuir o que alguém fez por nós.

Aristóteles já apontava a necessidade de conhecer sua audiência para usar diferentes argumentos ao persuadir públicos distintos. É preciso saber sintonizar diferentes canais. Um empreendedor, por exemplo, precisa usar diferentes discursos para convencer um funcionário a se juntar a sua empresa, acreditando no sonho e recebendo baixo salário no início (canal inspiração e emoção). Precisará usar outra linha de argumentação para negociar com fornecedores e obter boas condições iniciais ao projetar potencial para transações recorrentes (canais interesses e relacionamento) e outro para obter crédito no banco ou captar investidores (canais político e racionalidade). Os melhores persuasores não apenas escutam o interlocutor, mas também incorporam suas perspectivas em uma solução conjunta. Para a persuasão ser mais eficaz, o ideal é se mostrar aberto a adaptar suas ideias às necessidades e preocupações do público.

Outro ponto é ter clareza no discurso e usar elementos que sejam conhecidos pelo outro. Pessoas que usam jargões específicos até transparecem expertise no tema, mas criam uma barreira desnecessária à absorção do conteúdo para públicos não familiarizados. Uma ótima forma de criar conexão e impacto é usar metáforas e histórias, o chamado *storytelling*.

Foi o que fez Bono Vox, vocalista do U2, quando pleiteava o apoio no senado americano para obter perdão de dívidas de países africanos, permitindo que direcionassem mais recursos locais para a epidemia da aids.[4] Ao abordar um importante senador, Bono optou pelo canal da racionalidade — meio pelo qual convenceu outros apoiadores — e apresentou uma série de dados consistentes sobre os impactos da doença na África. Mas não estava surtindo efeito e resolveu mudar de canal. Observou através de diversos objetos no gabinete do senador e por algumas frases proferidas que seu interlocutor era cristão, e migrou para um discurso calcado na inspiração e na emoção. Passou a citar diversas escrituras que tratavam do auxílio aos necessitados e empacotou seu discurso com uma metáfora simples e direta: "A aids é a lepra dos nossos tempos". O impacto foi imediato e o senador disse: "Farei tudo o que puder para apoiá-lo". E fez. Seu apoio rendeu benefícios de 435 milhões de dólares nas semanas seguintes ao encontro.

Extraindo a essência persuasiva do discurso

Um ponto importante da persuasão é conseguir apresentar seus argumentos conectando-os diretamente aos interesses da outra pessoa. Com a sobrecarga de informações a que somos expostos atualmente, a atenção do ouvinte é um bem cada vez mais escasso. Fazê-lo se lembrar de seus argumentos é um desafio ainda maior. Estudos indicam que imediatamente após ouvir um discurso com atenção, as pessoas se lembram de apenas metade do que foi falado. Por isso, a capacidade de resumir um argumento à sua essência persuasiva, em uma frase de impacto, facilita a absorção do conteúdo. Essa estratégia promove retenção da mensagem, rápida multiplicação e ação. Comunicadores usam frases que colam para esse fim. Na pandemia da covid-19, uma delas foi o slogan #FiqueEmCasa, repetido à exaustão pela mídia e população. Nas campanhas presidenciais americanas, frases de impacto como "Make America great again", de Donald Trump, e "Yes, we can", de Barack Obama, comunicavam diretamente o espírito de suas campanhas e contribuíram para suas vitórias nas urnas.

Steve Jobs era mestre em traduzir as características de seus produtos em benefícios tangíveis conectados diretamente às dores de seus clientes, atendendo a interesses que muitas vezes eles mesmos desconheciam. Ao lançar a primeira geração do tocador de mp3 iPod, em 2001, Jobs identificou um problema que os amantes da música tinham na época: a falta de mobilidade. Era pouco prático carregar consigo uma coleção de álbuns para onde fossem. No desenvolvimento do produto, teve a mobilidade e capacidade de armazenamento em mente e conseguiu chegar a um dispositivo de 184g, com menos de 20mm de espessura, dez horas de bateria e 5-10GB de capacidade. Na apresentação e divulgação para o público, entretanto, traduziu essas características em uma frase, que iluminava os atributos do produto, demonstrando claramente os benefícios que ele traria para os consumidores de forma memorável: "iPod: 1000 músicas no seu bolso".

Outro exemplo de persuasão envolveu o empresário americano Sam Walton, que tinha uma franquia da rede varejista Ben Franklin Five and Dime, similar a uma loja "tudo por um dólar" na época.[5] Pensando em expandir seus negócios, ele decidiu criar um novo conceito de grandes lojas de desconto, mas ainda não tinha um nome para a rede e estava insatisfeito com as sugestões que tivera até então. Bob, seu principal funcionário e gerente da loja, teve a ideia de nome Walmart, combinando o início do sobrenome de Walton com o diminutivo de "*market*" (mercado) e queria persuadir Walton a adotá-lo.

Ao listar argumentos para convencê-lo, Bob primeiro pensou em defender que Walmart seria um bom nome por carregar o sobrenome do fundador, o que seria um legado duradouro. Mas desistiu dessa linha de argumentação ao se lembrar que Walton não tinha o ego inflado. Pensou em argumentar que nomes curtos eram tendência de marketing, mas considerou que ele daria pouco peso a esse argumento.

Ao refletir sobre qual seria a principal preocupação de Walton na gestão do negócio, Bob sabia que era "redução de custos" — prioridade absoluta dentro da empresa. Se argumentasse nesse sentido, provavelmente seria ouvido. Em uma conversa com Sam sobre possíveis nomes, Bob pegou um papel, escreveu "Walmart" e disse: "são apenas sete letras. Eu comprei o letreiro da loja antiga e sei o quanto custou não apenas produzir, mas manter e consertar o neon de letreiros com muitas palavras. Esse letreiro com sete letras será muito mais barato para comprar e manter em cada uma das lojas a serem abertas".

Ele percebeu que o argumento tocou Sam, mas sabia que ele também gostava de processar as questões sem se sentir pressionado, por isso, parou de argumentar. Dias depois, ao chegar na obra da loja, Bob viu as letras W.A.L penduradas, e um M sendo erguido. Apenas sorriu e entrou na loja, satisfeito pela conquista.

Uma experiência vale mais do que mil palavras

Palavras importam, mas imagens e experiências são ainda mais poderosas.[6] Combinar seus argumentos — sejam falados ou escritos — com imagens e vídeos torna o discurso mais rico. Caso consiga transformar isso em experiência, será ainda mais marcante e dificilmente será esquecido. O empresário e filantropo americano Bill Gates faz ótimo uso dessa estratégia. Em discurso em uma exposição na China sobre soluções sanitárias inovadoras, ele levou um pote com fezes humanas, contendo bilhões de bactérias, para reforçar seu ponto de que em países pobres, milhares de crianças adoecem diariamente, por viverem em áreas sem saneamento básico. Mas ele ganhou ainda mais atenção mundial ao apoiar o desenvolvimento do *omniprocessor*, equipamento que transforma fezes humanas em água potável. Questionado sobre quão limpa ficava a água e se seria realmente potável, o bilionário bebeu um copo da água recém tirada do processador, que instantes antes era um monte de fezes humanas. Vídeos de Gates bebendo a água têm milhões de visualizações. Ele não precisou falar mais nada. Para convencer alguém: não diga, mostre.

Antecipar argumentos negativos

Quando algum ponto da sua argumentação representa vulnerabilidade, a tendência dos negociadores é fingir que ela não existe e torcer para o interlocutor não tocar no assunto. No entanto, se for uma questão relevante, ela será levantada e você precisará respondê-la, justificando-se. Minha sugestão é sempre antecipar ativamente argumentos negativos, tornando-se dono do discurso. Assim, você coloca possíveis problemas no contexto correto e minimiza seus efeitos.

Imagine uma profissional que ficou dois anos fora do mercado após ter o primeiro filho e decide retomar a carreira. Na entrevista, fica insegura por estar "enferrujada" e reza para as perguntas focarem em experiências passadas. Porém, o buraco no currículo está lá, e não há como essa questão ser ignorada pelo entrevistador. Se for questionada sobre o assunto, toda a sua insegurança virá à tona. O melhor caminho para ela é abordar o assunto ativamente: "Para contextualizar meu momento, após oito anos de trabalho intenso em multinacionais, decidi me dedicar à maternidade. Aproveitei esses dois anos para me reciclar. Pude analisar pontos da minha trajetória e hoje me sinto uma profissional ainda mais completa". Isso certamente fará com que a questão seja analisada de outra forma.

Dei treinamento para a equipe de um renomado curso de inglês, que oferece uma experiência *premium* de aprendizado. Um desconforto recorrente da equipe comercial era que seu produto era mais caro que os concorrentes e que, por mais que evitassem abordar o assunto ao apresentarem seus benefícios, a diferença de preço sempre era trazida pelos clientes no final da conversa. Era comum mostrarem panfletos com promoções da concorrência para justificar seus pedidos de desconto. Meu conselho para eles foi o de não ignorar mais a questão, mas incorporá-la ativamente ao seu discurso. Ao apresentarem o quanto seu nível de serviço era incomparável, deveriam dizer sutilmente que "a excelência tem um preço" e "que não tinham pretensão de ser o curso mais barato, mas de garantir aprendizado concreto". Ao colocar o preço como uma questão natural de sua proposta única de valor, a utilização desse ponto como uma fragilidade seria minimizada.

Enquadramento

A forma como os argumentos serão apresentados envolve muito pensamento estratégico. É uma decisão crítica que pode representar o sucesso ou fracasso na tentativa de convencer outras pessoas. Ao apresentar sua proposta de forma que ilumine suas vantagens (ou os prejuízos que incorreriam ao não a adotar), a identificação dos benefícios e a tomada de decisão pelo interlocutor ficam mais fáceis.

Suponha que sua mãe tenha um sério problema de saúde, para o qual não exista tratamento amplamente disponível. Você procura o médico que é referência nessa doença no Brasil e, após analisar os exames, ele apresenta a situação de duas formas diferentes:

A: Ainda não existe tratamento amplamente testado ao longo dos anos para essa doença. Pela melhor terapia disponível atualmente, de cada dez pessoas, uma morre. Querem arriscá-lo?

B: Essa doença não tinha tratamento, mas no ano passado surgiu uma linha terapêutica com resultados muito promissores nos Estados Unidos e Europa, com índice de sucesso de 90%. Tivemos a oportunidade de implementá-la no Brasil para uso em pacientes selecionados. Conseguiríamos aprovar sua mãe como candidata ao uso da terapia, caso tenham interesse.

Com qual dos dois discursos você se sentiria mais propenso a seguir com o tratamento? As situações são exatamente iguais, mas a forma como foram apresentadas muda completamente sua avaliação e sua disposição a agir. Um conceito importantíssimo na persuasão é o de *enquadramento*: propostas objetivamente idênticas tornam-se mais ou menos atraentes pela forma como são apresentadas.[7] Essa é uma ferramenta invisível e geralmente ignorada, mas que considero a mais útil disponível na argumentação. Muitas vezes, por insegurança ou falta de reflexão, as pessoas acabam apresentando soluções e propostas que seriam promissoras de forma ineficaz.

Como a satisfação na negociação é relativa, tudo pode ser encarado como perda ou ganho, dependendo do ponto de vista. Em um estudo interessante, macacos foram treinados para usar pedras como moedas de troca por comida.[8] O pesquisador estenderia a mão, o macaco lhe entregaria uma pedra e receberia uma rodela de pepino. Essa troca parecia justa para o macaco solitário, que preferia um pepino a uma pedra e ficava feliz em repetir o experimento à exaustão. Sua satisfação, no entanto, foi afetada quando presenciou um macaco, na jaula vizinha, entregar uma pedra e receber uma uva em troca. Por valorizar mais a uva do que o pepino e presenciar uma "injustiça", isto é, outro macaco receber uma recompensa melhor pelo mesmo esforço, muitos dos macacos testados tornaram-se resistentes à troca original, se irritaram, rejeitaram e até atiraram o pepino de volta para o pesquisador, com agressividade. Voltando, então, aos seres humanos: seu novo salário pode lhe deixar muito contente até descobrir que a pessoa na mesa ao lado ganha 20% a mais. A base de comparação muda de salário novo x salário anterior, o que geraria satisfação, para salário novo x salário do colega, resultando em frustração. É um sentimento primitivo, pois somos naturalmente propensos a comparações.

Palavras têm o poder de direcionar a atenção e criar uma base de comparação para a análise de propostas, afetando inclusive o nível de satisfação dos negociadores com os resultados alcançados. Considere como exemplo[9] que você decidiu colocar seu carro a venda por 35 mil reais. Se fosse vender seu automóvel, qual dessas duas formas de apresentação de propostas você consideraria mais eficaz para fazer a um comprador?

1) Estou pedindo R$ 35 mil pelo carro.
2) Te ofereço esse carro por R$ 35 mil.

Apesar de serem financeiramente idênticas, as propostas estão enquadradas de formas distintas. A primeira evidencia o recurso que você está *requisitando* (dinheiro) com foco em obter algo do comprador, já a segunda destaca o benefício que você está *oferecendo* (o carro), com foco em dar algo ao comprador. Apesar de sutil, essa diferença é representativa. Diversos experimentos[10] realizados em situações de compra e venda demonstraram que participantes que *ofereciam* um recurso em vez de *requisitar* a contrapartida obtiveram maiores concessões, mesmo com propostas objetivamente idênticas. Em trocas entre crianças, a frase "Eu te *darei* quatro das minhas figurinhas por cinco das suas" gerou mais aceitação do que "*Quero* cinco figurinhas suas, por quatro das minhas". Pesquisadores[11] observaram que a proteção contra perdas, nesse caso relacionada ao ato de demandarem algo que é delas, gera maior atividade nas regiões do cérebro que processam emoções, o que pode tornar as pessoas mais fechadas e resistentes. Oferecer algo, por outro lado, quebraria essa resistência.

Outro estudo[12] indicou que sugerir sutilmente uma comparação da sua proposta com o *limite* do outro negociador (e não com seu *alvo*) gera resultados melhores. Caso você seja o vendedor, qual dessas três formas de fazer uma proposta você considera mais eficaz?

1) Minha proposta é de R$ 9.600.
2) Minha proposta é de R$ 9.600, não sei se está muito distante do seu *alvo*...
3) Minha proposta é de R$ 9.600. Não sei como essa proposta se compara ao seu *limite*...

Cientificamente, a última é melhor porque direciona a atenção do comprador para seu limite mínimo e não para sua meta, assim permitindo acordos economicamente mais vantajosos e maior satisfação de ambos. Um por ter conseguido viabilizar sua proposta e o outro por avaliar o acordo como "melhor do que seu limite" e não como "abaixo de sua meta".

Negociação sobre a negociação

O enquadramento inicial pode afetar o desenrolar da discussão e mudar os rumos de uma negociação. Certa vez um grande produtor de eventos me convidou para palestrar em sua cidade. Ao negociar valores, ele pontuou que "normalmente só contrata a quem ele já assistiu" e que, apesar de eu ter sido bem recomendado, essa primeira palestra oficial que eu daria seria um teste. Esse detalhe sutil altera a psicologia do negócio: transforma uma *potencial contratação* em uma *oportunidade de apresentar meu trabalho e ser avaliado*, o que certamente impactaria meus honorários. Percebi que seria importante quebrar essa dinâmica logo no início e resolver a questão de confiabilidade no serviço antes de iniciar qualquer discussão de valor. Disse que estaria disposto a enviar vídeos completos de palestras que já realizei, inclusive em eventos internacionais, e colocá-lo em contato com grandes clientes frequentes que possuo. Também o convidei a assistir uma palestra minha para que essa questão fosse superada. Isso acabou resolvendo a questão, sem impactar o valor do meu serviço.

Essas discussões sobre o processo representam uma negociação sobre como o acordo será negociado. Você será tratado como "igual" ou como "sortudo" por estar negociando com o outro? No livro *Acordos quase impossíveis*, o autor Deepak Malhotra afirma que o modo como você se comporta durante negociações de *processo* pode afetar como o outro lhe tratará durante as negociações de *conteúdo*. Assim, questionar exigências injustas de processo facilita a resistência a demandas de conteúdo.

Outra forma sutil usada para obter vantagens financeiras ou evitar cobranças é enquadrar a questão como um pedido de ajuda, uma opinião ou conselho. Muitas pessoas buscam eufemismos para maquiar esses pedidos. Um amigo professor me mostrou uma mensagem que recebeu do gestor de RH de uma empresa para a qual já havia ministrado treinamentos. A empresa lhe apresentou "uma oportunidade de trocar uma ideia em formato expositivo sobre alguma metodologia atual de sua área de atuação". O enquadramento subliminar era outro: "queremos uma palestra gratuita". Toda troca tem que ter benefícios para os envolvidos, sejam financeiros, de ganho real de visibilidade ou até mesmo a gratificação de fazer um trabalho pro bono. Caso você sinta que o formato gera benefícios apenas para o solicitante, configurando um cenário de exploração, é importante quebrar essa dinâmica logo no início ou desmascarar o pedido enquadrando-o como o que realmente é.

A forma como você demonstra suas alternativas externas, por exemplo, pode ter efeitos diversos. Substituir uma ameaça agressiva pelo compartilhamento de um problema ou um convite para a busca conjunta de uma solução podem ter resultado positivo, sem os efeitos colaterais que uma ameaça dura causaria. Essa técnica é chamada de *ameaça colaborativa*.[13] Uma ameaça normal a um fornecedor recorrente seria: "Tenho outra proposta do seu concorrente. Se você não baixar o preço, fecharei com ele". Seu interlocutor pode apelar para o relacionamento ou encarar como um blefe e lhe deixar à vontade para fazer o que quiser, podendo até responder rispidamente. Uma forma de colocar a mesma questão, minimizando reações emocionais, seria: "Compramos da sua empresa há bastante tempo, mas estamos recebendo propostas inegavelmente mais vantajosas. Você sabe que preciso justificar minhas decisões internamente, mas na situação atual, não vejo como fazer isso. Como você sugere adaptarmos nossas condições comerciais para conseguirmos manter nossa relação e não precisarmos considerar outras opções?". Dessa forma, a questão é apresentada como um problema a ser resolvido em conjunto e abre espaço para que sejam apresentadas soluções mais amplas, que podem até ser mais profundas e benéficas do que simplesmente cobrir uma proposta.

No início da minha carreira, eu estava tentando negociar meu salário para um patamar de remuneração que me colocaria acima da faixa salarial de outros gerentes. A argumentação da empresa para negar meu aumento era de que eu acabaria ganhando mais do que gerentes com mais tempo de casa, eles não teriam como justificar esse fato e isso geraria insatisfação caso a informação vazasse. A lógica da empresa era a de *maior remuneração por tempo na empresa*. Minha estratégia para argumentar nesse cenário consistiu em demonstrar que o tempo não tinha necessariamente relação com os resultados que cada profissional entregava e que a lógica mais adequada para essa avaliação envolvia capacidade técnica e formação. Por essa ótica, eu era o único que possuía MBA e falava mais de dois idiomas — uma questão relevante para assumir novas tarefas no cargo. Com isso, consegui mudar o enquadramento de "tempo no cargo" para "melhor formação acadêmica" e, assim, consegui avançar na negociação do aumento.

Táticas para criação de valor

Conforme explorado no primeiro pilar, a criação de valor e a apropriação desse valor criado[14] são ações interligadas na negociação, mas é melhor buscar "aumentar a torta" *antes* de tentar dividi-la. Iniciar a negociação com movimentos competitivos de distribuição de valor, inibe a criatividade e a cooperação entre os interlocutores. Primeiro é preciso criar, para depois distribuir. Portanto, uma proposta prematura, logo no início da conversa, acaba direcionando a negociação para movimentos de proposta e contraproposta sobre um único item, dificultando a identificação de fontes adicionais de valor e o aproveitamento de sinergias, que poderiam deixar ambos os lados mais satisfeitos.

1. Adicionar variáveis

No mundo corporativo, apesar de muitas negociações aparentarem ser simples disputas sobre um único item nas quais os benefícios para um precisam vir às custas do outro, é possível quebrar esse ciclo adicionando variáveis e buscando trocas inteligentes. Um executivo chamado Pedro fornecia matéria-prima para uma grande indústria, cujo comprador estava ameaçando romper a relação comercial se não recebesse 3% de desconto, o que seria inviável. Pedro já estava considerando baixar 1% no preço para não perder o cliente, quando começou a pensar de forma mais ampla no acordo para identificar fontes adicionais de valor sem sacrificar sua apertada margem de lucro. Resolveu, então, ampliar a discussão, trazendo para a mesa outras questões relacionadas à programação de pedidos, frete e prazo de entrega.

O cliente sempre fazia pedidos de última hora, demandando entrega urgente. Se houvesse uma programação bimestral, poderia incluí-los no fluxo normal de produção e economizar em horas extras de funcionários. O comprador também exigia frete incluso, mas, como o fornecedor não costumava fazer entregas, acabava tendo alto gasto com transporte. Se a mercadoria fosse retirada no depósito, por exemplo, haveria uma redução expressiva de custo. Esses ajustes no escopo permitiram que o cliente tivesse a redução desejada sem que o fornecedor sacrificasse sua margem. Mesmo com interlocutores mais resistentes, a melhor maneira de evitar impasses é conduzir a negociação sob a perspectiva de identificação do *melhor negócio,* em vez da busca cega pelo *menor preço* — que não representa necessariamente uma otimização dos recursos. Nesse exemplo, apesar do comprador se considerar defensor ferrenho do dinheiro da sua empresa, o ato de ignorar sinergias promovia desperdício de recursos. Na absoluta maioria dos casos, a combinação de diferentes variáveis permite trocas inteligentes, que gerem baixo (ou nenhum) sacrifício para um, mas representem grande benefício para o outro.

2. Múltiplas ofertas equivalentes simultâneas

Para negociações que envolvem — ou podem envolver — diversas variáveis, a forma mais sofisticada de estruturar propostas voltadas para criação de valor, minimizando o risco de uma competição destrutiva, é o uso de múltiplas ofertas equivalentes simultâneas — ou MESO (sigla em inglês para *multiple equivalent simultaneous offers*).

Significa sugerir ao interlocutor que escolha, dentre um pacote de duas ou mais ofertas, a que mais lhe agrada. O ideal é que essas ofertas tenham valores equivalentes para você a ponto de ser indiferente a escolha de uma delas em detrimento das outras. Por exemplo, na negociação de um contrato de prestação de serviços:

- Opção A: R$ 5 mil mensais, contrato de 1 ano, 22 horas por semana
- Opção B: R$ 4,5 mil mensais, contrato de 2 anos, 20 horas por semana
- Opção C: R$ 4 mil mensais, contrato de 3 anos, 18 horas por semana

Pessoas que recebem propostas múltiplas costumam encará-las como cooperativas. Por sentirem que seu direito de escolha foi preservado, tendem a escolher uma das opções ou propor pequenos ajustes.

Esse tipo de proposta tem efeito psicológico positivo e é visto como o oposto de um ultimato ("é pegar ou largar"). Estudos indicam que MESO geram resultados melhores[15] para um, sem acarretar resultados piores para o outro, já que a escolha de uma das opções permite explorar benefícios mútuos evitando que recursos sejam desperdiçados por falta de comunicação. São excelentes nos casos em que o interlocutor está resistente em compartilhar informações, já que ele pode escolher uma das opções sem explicar os critérios que usou.

Táticas para distribuição de valor

Encaminhada a criação de valor, emergem os movimentos de apropriação do valor criado — ou seja, depois de ampliar a torta, é preciso decidir como ela será repartida. Nesse momento, táticas distributivas tornam-se relevantes, principalmente o uso da ancoragem.

Ancoragem

Diversos estudos apontam que seres humanos não tomam decisões isoladas, que sempre buscam alguma referência para balizar suas avaliações. Em um ambiente de incerteza como as negociações, o primeiro número mencionado — seja uma lista de preços, "uma expectativa" ou uma proposta formal —, afeta a percepção do interlocutor sobre qual seria um valor factível. Esse número é chamado de âncora porque prende a pessoa, tornando-se difícil se distanciar dele na negociação.[16]

Nas minhas aulas, quando pergunto se é melhor fazer ou ouvir uma proposta primeiro, costumo receber respostas variadas, com posições absolutas: "*Sempre* faça a primeira oferta", "é melhor *nunca* propor primeiro", "o vendedor *sempre* deve propor", "*sempre* ouça quanto o comprador pretende pagar". Ao explicar seus motivos, fundamentam bem as alegações.[17] Os que preferem ouvir primeiro argumentam que, como há muitas informações desconhecidas, receber uma referência de valor revelaria informações valiosíssimas sobre o quanto seu interlocutor valoriza o negócio e talvez até mencione um valor muito além das suas expectativas. Já os que preferem propor primeiro alegam que é importante criar uma referência de valor na cabeça do interlocutor, que moldaria a percepção sobre o número factível.

Estatisticamente, 80% das pessoas preferem ouvir uma referência de valor antes de falar.[18] Mas, na prática, a decisão sobre qual o melhor caminho a seguir é mais profunda do que nunca/sempre propor primeiro e não tem relação com o papel que você exerce (comprador ou vendedor). Tampouco deveria se basear em experiências específicas nas quais você escolheu instintivamente como agir.

Antes de dar uma resposta prática e direta, acho útil apresentar quatro exemplos com abordagens e resultados bem distintos entre si.

1. No evento de lançamento do primeiro modelo de iPad, Steve Jobs apresentou o produto durante mais de uma hora sem mencionar valores até abordar o tema:[19] "Que preço deveríamos colocar nele? Se ouvíssemos os especialistas, estabeleceríamos o preço 'abaixo de mil dólares', que é o código para 999 dólares". Nesse momento, a cifra de 999 dólares aparece, gigantesca, na tela atrás dele. E permanece lá, exercendo seu papel de referência de valor, enquanto ele continua seu discurso: "quando desenvolvemos o produto, além das ambições técnicas, estabelecemos uma meta agressiva de preço, para alcançar muitas pessoas. E estou animado em anunciar que o preço do iPad começa, não em 999 dólares, mas em 499". Esse número surge na tela, destruindo o anterior. A plateia vai à loucura, feliz pelo iPad custar metade do que imaginava.

2. Em 1930, Abraham Flexner, o gestor do recém fundado Instituto de Estudos Avançados de Princeton tentava convencer Albert Einstein, cientista mais famoso de sua época, a deixar a Europa e se estabelecer nos Estados Unidos para pesquisar na universidade.[20] Einstein se entusiasmou com a ideia e, quando abordaram o assunto salário, sem ter muita referência do custo de vida na América, o físico disse que 3 mil dólares anuais seriam suficientes, a não ser que o gestor do instituto acreditasse que ele poderia viver com menos. O diretor ficou surpreso com o pedido irrisório, já que a média salarial dos

pesquisadores era de 10 mil dólares anuais. Flexner tinha um dilema em mãos: poderia trazer Einstein por um valor baixo, ignorando que essa não era a base do relacionamento que desejava construir com o cientista que tinha potencial para alavancar o nome do instituto. Além disso, se Einstein descobrisse que sua remuneração era desproporcional — mesmo o valor tendo partido dele — poderia encarar aquilo como um ato de má-fé. Flexner decidiu pagar o que considerava justo: ofereceu um pacote de remuneração que alcançava 15 mil dólares anuais. O investimento valeu a pena: Einstein trabalhou lá de 1933 até sua morte, em 1955, e sua presença atraiu muitos cientistas renomados.

3. O gerente comercial de um grupo de shoppings no qual eu era diretor me disse que havíamos conseguido fechar um negócio maravilhoso, com um aluguel de 8 mil reais mensais. Perguntei: "Você acha um bom valor?" Ele falou: "Claro. Questionei quanto pagaram nos últimos shoppings em que inauguraram. Disseram que negociaram um aluguel médio de 4 mil reais. Consegui o dobro desse valor.". Perguntei: "Você sabe quanto as lojas desse segmento pagam no *nosso shopping*?" Continuei: "Pagam em média 11 mil reais. Você continua achando 8 mil reais um excelente negócio? Eu até acho que valeu a pena. Por ser uma marca relevante, justifica renunciarmos a 3 mil reais, mas não por ser "o dobro do que ele costuma pagar". Descobrimos depois que o dono dessa marca conhecia outros lojistas do nosso shopping e sabia quanto eles pagavam. Para ele, foi confortável dizer quanto pagava em média nos outros empreendimentos.

4. Em uma entrevista para Danilo Gentili, o cantor sertanejo Eduardo Costa contou uma história do início de sua carreira, quando um empresário o abordou dizendo:[21] "Teremos uma campanha política e queríamos te contratar para fazer dez shows. Quanto você nos cobraria?". Eduardo conta: "Comecei a pensar em um cachê: eu tinha dois músicos. Se ele me pagar quinhentos reais por cada show, gasto cem reais com cada um e sobram trezentos reais. Se fizer dez shows, estou milionário!". Danilo ri e diz: "Que ingenuidade... Mas naquele momento era uma grana para você". Eduardo continua: "Eu nunca

tinha visto uma nota de cinquenta reais. Nem em foto!". E prossegue: "Estava com os quinhentos reais na minha mente. Mas eu não podia falar. Pensei: vai que é mais! Então falei: 'Diz aí, quanto você pode me pagar?'" O empresário disse: "Ah, dá um preço aí!". Eduardo respondeu: "Não. Vem você... Quanto você acha que eu custo? O que você pode fazer por mim?" O empresário então falou: "Eduardo, vamos fazer o seguinte. Você vai fazer dez shows, te pagarei 5 mil por show. Está bom para você?". Danilo comenta: "Um zero a mais!" Eduardo continua: "Danilo, foi me dando uma dor de barriga que eu não conseguia controlar". Pensei: "Preciso ser frio agora". Aí falei para ele: "Não dá para melhorar pelo menos uns 2 mil?". Acabaram fechando nos 5 mil, e Eduardo chegou a fazer trinta shows para ele. Todos lotados!

Resumindo as ações e resultados de cada caso:

1. Steve Jobs: colocou referência de valor e teve sucesso.
2. Einstein: colocou referência de valor e abriu chance para ser explorado (por sorte, não foi).
3. Gerente comercial: ouviu uma referência de valor e se prejudicou.
4. Eduardo Costa: ouviu uma referência de valor e se beneficiou.

Ao ver resultados distintos para a decisão de propor ou ouvir primeiro, você pode ficar confuso, pois parecem aleatórios. Minha intenção era demonstrar que simplesmente seguir *sempre* um caminho ou outro é arriscado demais. Mas existe técnica e ciência por trás de cada escolha. Usar o poder da *ancoragem*, isto é, ser o primeiro a colocar uma referência de valor na negociação, é uma vantagem competitiva e pode afetar diretamente o resultado da negociação a seu favor. Primeiras ofertas, inclusive, são mais precisas para prever os preços finais negociados do que as atitudes subsequentes dos interlocutores na mesa de negociação.[22] O problema é que, se mal escolhida, essa referência pode nos prejudicar. Ao propor um valor muito baixo, estabelecemos um teto para o que poderíamos obter na negociação e praticamente selamos nosso destino — a não ser que sejamos Albert Einstein.

O que os casos de Einstein e Eduardo Costa têm em comum? Ambos estavam desinformados sobre qual seria um valor viável em seus mercados. Quando temos pouca informação, ancorar é arriscado demais, já que poderíamos chutar um número fora da realidade: elevado a ponto de ser considerado ofensivo ou baixo demais, limitando nossa capacidade de capturar valor na negociação.

Sendo assim, a decisão de ancorar depende de quanta informação detemos em relação a qual seria um número viável para nosso interlocutor. Se tivermos informação suficiente, vale a pena usarmos a vantagem de ser o primeiro a colocar uma referência de valor. Caso tenhamos pouco ou nenhum conhecimento de valores de mercado ou de uma faixa de valor provável, é melhor evitar falar em números até ter noção mais clara — ou até mesmo deixar que o outro proponha primeiro. Assim, minimizamos o risco de fazer uma proposta ruim e mantemos a chance de receber um número que nos surpreenda positivamente.

Negociadores que fazem bom uso da oportunidade de ancorar a negociação alcançam melhores resultados, pois o forte efeito psicológico da ancoragem nos torna propensos a julgamentos baseados nesse ponto de partida. Uma pesquisa[23] indicou que o valor final negociado na venda de casas geralmente fica entre 95% e 97% do preço originalmente anunciado.

Negociadores preparados se sentem mais confiantes para fazer a primeira oferta e ancorar a negociação a seu favor.[24] Segundo estudos, se estivermos bem preparados para negociar, em 75% dos casos a recomendação de ancorar seria aplicável.[25] Os 25% restantes são justamente as situações em que não conseguimos nos informar bem e acreditamos que, ao ouvir uma proposta, podemos nos surpreender positivamente. Isso não significa que devamos simplesmente esperar passivamente que o outro ancore. É preciso tentar buscar informações sobre o cenário, previamente e na mesa de negociação, para ampliar seu entendimento da situação até que se sinta pronto para ancorar. Você também pode concluir que é melhor aceitar que o outro ancore por acreditar que, no caso específico, os benefícios de receber informações positivas superariam a vantagem de sugerir um ponto de partida.

No caso de Eduardo Costa, por exemplo, ele se beneficiou ao ouvir primeiro. No entanto, se tivesse se preparado e obtido com outros cantores a informação sobre quanto costumam receber em eventos desse nível, poderia ter feito uma primeira proposta superior aos 5 mil reais que acabou recebendo.

NÍVEIS DE ANCORAGEM

Decidido a ancorar, surge uma segunda decisão a ser tomada: o quão distante do seu preço-alvo deve ser sua primeira proposta? É preferível colocar uma proposta agressiva para criar uma referência extrema e ir fazendo concessões aos poucos? Ou propor um valor mais próximo ao que você considera viável e usar critérios de justiça e transparência para convencer seu interlocutor? Essa decisão depende de fatores como tempo disponível para negociar, nível de relacionamento e confiança entre os envolvidos e os riscos que estão dispostos a correr.

níveis de ancoragem[26]

preço-alvo	viável	razoável	arrojada	extrema	ofensiva
	10%	20%	40%	60%	80%

- tempo / - risco ←——————————————————→ + tempo / + risco

Quanto mais distante do valor-alvo for a primeira proposta na negociação, mais tempo o processo tende a durar e mais arriscado será. Como a primeira oferta tem elevada influência no julgamento do seu interlocutor sobre a faixa em que o acordo seria possível, uma proposta absurda pode levar seu interlocutor a concluir que não existiria uma faixa de valor aceitável para ambos.

Pessoas que fazem propostas extremas e fora da realidade para depois conceder descontos enormes desconsideram que esse tipo de abordagem pode causar o chamado efeito congelamento,[27] que ocorre quando uma primeira oferta é interpretada como uma ofensa tão grande que o receptor nem se dá ao trabalho de respondê-la. É o caso, por exemplo, de um potencial comprador que faz uma proposta de 100 mil reais por uma casa que vale 500 mil reais. A tendência é que o vendedor acabe "dando um gelo" no comprador e simplesmente desista de fazer negócio. Um caso de sucesso ao usar uma proposta agressiva pode render uma boa história, mas não é algo que viabilizará bons acordos consistentemente. Ofertas extremas ou ofensivas só devem ser usadas caso você não se preocupe com a manutenção do relacionamento, não tenha pressa para concretizar o negócio e aceite correr o risco de perdê-lo.

Negociadores experientes acreditam que os valores propostos pelos interlocutores estão sempre acima do que efetivamente esperariam conquistar. Dessa forma, sempre descontam algo sobre a primeira proposta recebida. Em geral, se sentem praticamente obrigados a fazer uma contraproposta, independentemente do valor sugerido. Pedem porque acham que há margem e não querem sair com arrependimento de ter pagado mais do que valia.

Isso não significa que o conselho de *sempre* colocar "uma gordura" no valor proposto precise necessariamente ser seguido. A escolha do nível de ancoragem é uma decisão particular, dependendo da estratégia que mais nos deixe confortável considerando nosso posicionamento (pessoal ou como empresa) e dos riscos que estaríamos dispostos a correr para tentar obter um benefício maior. Como muitas pessoas "negociam por negociar", se comunicamos com clareza que o preço oferecido já contempla o que é viável, justificando que pretendemos evitar idas e vindas no processo de barganha, aumentamos as chances de que nossa proposta seja considerada. Tudo depende da forma como você comunica isso, da sua credibilidade e de como sua mensagem será percebida pelo interlocutor.

Na prática, a maioria dos negociadores faz primeiras ofertas que não são arrojadas o suficiente.[28] Dessa forma, correm menos risco de perder o negócio ou afetar o relacionamento, mas obtêm valores menores. Uma desvantagem de propor valores muito próximos ao seu preço-alvo é que isso lhe deixa com duas opções desconfortáveis na negociação: nenhuma margem para negociar ou um espaço mínimo para fazer apenas pequenas concessões.

Caso essa seja sua filosofia de trabalho, é possível utilizar níveis de ancoragem mais baixos, mas é indicado deixar claro que essa é sua forma de realizar propostas. Certa vez assumi a gestão de uma equipe responsável por negociar mídias com anunciantes e agências. Nas primeiras reuniões, percebi que nossos executivos apresentavam valores de tabela que, na prática, eram o dobro do que os preços efetivamente transacionados. Quando questionados, disseram que "o mercado de mídia era assim mesmo". Deixei claro que a "estratégia" de propor o dobro para fechar pela metade deixaria de existir na minha gestão. Organizamos um happy hour com os principais clientes para apresentar nossa mudança de gestão e estratégia comercial. Falamos sobre precificação, explicando que passaríamos a trabalhar com valores dentro de bases reais. Em alguns meses conseguimos consolidar nossa reputação e mudar as regras do jogo.

Quanto mais consistência entre discurso e prática apresentarmos, mais provável será o sucesso em estratégias desse tipo. Desde que a montadora de automóveis Tesla começou a vender seus carros elétricos, em 2008, o empresário Elon Musk estabeleceu uma política "sem negociação e sem desconto" — desafiando práticas profundas desse mercado — para garantir que seus clientes tivessem sempre certeza de que podiam confiar na empresa, sem correr o risco de descobrir, posteriormente, que pagaram mais do que outros clientes pelo mesmo carro, nas mesmas condições.

TURBINANDO A ANCORAGEM

Por mais que a decisão sobre o nível de ancoragem seja individual, existem níveis de ancoragem que tendem a gerar maior benefício financeiro. Se você pudesse ler a mente de seu interlocutor e descobrir o limite exato de valor que ele está disposto a aceitar, sua proposta deveria[29] estar além desse limite, mas não tão longe a ponto de ser ignorada por ele. Ao ancorar dessa forma, o outro negociador permaneceria na mesa e teria que negociar para levar a proposta para a zona de possível acordo, dentro do seu limite viável. Isso geraria alto potencial econômico, com risco aceitável. Portanto, o ponto ótimo de ancoragem é o maior número que consigamos justificar racionalmente sem ofender o outro.

Pesquisas indicam que propostas com números precisos, em vez de redondos, potencializam a ancoragem durante uma negociação.[30] Na venda de um carro, por exemplo, a proposta de 14 875 reais tende a ser levada mais a sério do que uma de 15 mil. O interlocutor conclui que os cálculos para chegar àquele número tão preciso foram mais embasados, e, com isso, fica menos propenso a fazer contrapropostas ou acaba contrapropondo valores mais próximos da âncora inicial.

A ancoragem exerce efeito consideravelmente superior quando é feita por escrito.[31] Ao escrever sua proposta em local visível, o efeito de retenção é maior do que apenas falar. Além disso, será possível se referir mais vezes a ela na conversa, reforçando o número (o que fez Steve Jobs no lançamento do iPad).

Para aproveitar os efeitos de uma ancoragem arrojada, minimizando os riscos de prejudicar o relacionamento ou de perder o negócio, é possível utilizar formas de propostas que sejam ao mesmo tempo ambiciosas e demonstrem flexibilidade.

A primeira delas é a âncora fantasma, também conhecida como "oferta não oferta", que é a introdução sutil de um número na discussão sem o peso de uma proposta.[32] Por exemplo, o potencial locatário, ao conversar com o dono de um imóvel anunciado por 3 mil reais, pode dizer: "Os imóveis que estávamos vendo até agora estavam na faixa de 2 mil reais. Sei que são menores e menos conservados do que o seu, por isso estamos dispostos a dispender um pouco mais nele". Os 2 mil reais mencionados não poderiam ser encarados como uma "proposta ofensiva", já que não são uma proposta formal, mas introduzem sutilmente um valor de referência na conversa, direcionando a expectativa do receptor. Após essa referência, o locatário tem maiores chances de sucesso ao propor um valor abaixo do anunciado originalmente.

Uma aplicação adicional dessa tática seria, por exemplo, em uma entrevista de emprego, em vez de simplesmente propor 6 mil reais ao candidato, reforçar que "a remuneração prevista para a vaga era de 5 mil, mas, dado o seu potencial, decidimos lhe propor 6 mil reais". A tendência é que esse tipo de oferta deixe o receptor mais satisfeito do que com a proposta isolada, já que a satisfação na negociação é subjetiva e depende da referência usada para avaliação (valor proposto x remuneração prevista para a vaga).

Outra tática eficaz de ancoragem é o uso de faixas de valor. Se você quisesse vender um item usado, cujo valor de mercado gira em torno de 6 mil reais e pretendesse fazer uma proposta arrojada de 7 mil, qual seria a forma mais eficaz de colocá-la? Propor os 7 mil isoladamente ou uma faixa de valor entre 7 mil e 7500 reais? Um estudo indicou que o uso de uma faixa *iniciada no valor-alvo* é a mais eficaz das possibilidades.[33] Compradores que receberam propostas nesse formato cederam mais e fizeram contrapropostas mais conciliatórias. Ao usar uma faixa que partia de seu valor-alvo, os proponentes passaram a imagem de que eram ambiciosos, ao mesmo tempo que sinalizaram flexibilidade, por não propor um número rígido. Seus interlocutores tiveram maior tendência a aceitar os 7 mil (valor mínimo da faixa) por já encararem esse número como um benefício em relação ao topo da faixa. Além disso, consideraram que uma contraproposta fora da faixa seria o equivalente a rejeitar duas propostas ao mesmo tempo, o que poderia ser encarado como uma afronta a alguém que foi flexível.

VACINANDO-SE CONTRA A ANCORAGEM

Ao entendermos os efeitos da criação de referências de valor na negociação, precisamos lembrar que não somos imunes a elas. Em muitos casos, a âncora exerce uma pressão irresistível até para negociadores muito experientes. Em um clássico estudo para avaliar esse efeito em especialistas de mercado, pesquisadores identificaram uma casa que estava prestes a ser colocada à venda e pediram que três avaliadores independentes estimassem seu valor.[34] As informações completas sobre esse imóvel e dados sobre transações recentes do mercado local foram disponibilizadas para corretores em um pacote de dez páginas. Todos receberam nove páginas iguais, mas a primeira página teve quatro versões diferentes — distribuídas aleatoriamente — com variações de 4% ou 12% (para cima ou para baixo) sobre o valor de avaliação do imóvel.

Questionados sobre qual seria seu nível de precisão ao prever o real valor de mercado de imóveis em sua área de atuação, a resposta dos corretores foi de que teriam 95% de precisão. Logo, não perceberiam discrepâncias de 4%, mas claramente identificariam que a lista com variação de 12% estava cara ou barata demais. De posse do pacote completo de informações, cada corretor foi convidado a estabelecer: o valor da casa, o máximo que pagaria se fosse o comprador, o preço pelo qual anunciaria e o mínimo que aceitaria se fosse o vendedor. Ao apresentarem suas avaliações, 75% dos corretores afirmaram que sua decisão foi técnica e que não deram atenção alguma ao preço listado da casa no material informativo recebido. Os resultados, porém, demonstraram o contrário. As avaliações dos corretores foram diretamente ligadas aos preços que receberam aleatoriamente. Ao comparar os resultados dos experts com amadores, as pesquisadoras identificaram que ambos foram igual e fortemente influenciados pela ancoragem. A diferença é que os amadores reconheceram que se basearam no preço listado para tomar suas decisões, enquanto os experts consideravam seu processo decisório imune a isso.

Em outro estudo para compreender o real efeito dessas âncoras no direcionamento da atenção, foi concluído que indivíduos inconscientemente selecionam informações que sejam consistentes com a referência recebida para tentar encontrar um sentido nela.[35] Em um deles, donos de automóveis usados abordaram mecânicos alemães e pediram que estimassem quanto seus carros valiam. Em todas as situações, os proprietários deram sua própria estimativa de preço antes de ouvir a dos mecânicos. Metade deles foi instruída a falar um valor baixo ("Acho que esse carro deveria ser vendido por cerca de 2800 euros") e a outra metade ancorou alto ("Acho que venderia por 5 mil euros"). Os mecânicos que ouviram a ancoragem mais alta, fizeram estimativas mil euros mais elevadas do que os outros. Ou seja, mais uma vez, profissionais experientes foram suscetíveis aos efeitos da ancoragem.

Esse estudo concluiu que, para qualquer item em negociação, existem pontos positivos e negativos. Âncoras altas seletivamente direcionam nossa atenção para os aspectos positivos. Referências baixas, no entanto, fazem com que as falhas e aspectos negativos sejam enfatizados na busca inconsciente por encontrar sentido nas coisas. Assim como no caso dos corretores, em que o preço alto deve ter ressaltado itens positivos como quartos espaçosos e terraço reformado, o baixo preço listado fatalmente fez itens negativos como o jardim pequeno e os móveis antigos saltarem à mente.[36]

Como tornar-se imune a esses efeitos? Uma das formas é fazer o exercício inverso, ou seja, buscar razões racionais pelas quais o valor mencionado seria inapropriado. No mesmo experimento dos carros, os pesquisadores montaram uma situação para sugerir que parte dos mecânicos fizesse isso. Após falarem o preço desejado, os proprietários foram instruídos a dizer: "Um amigo discordou e me disse que esse valor é baixo/alto". E perguntaram: "O que você teria a dizer contra esse preço que eu falei?". Ao serem estimulados a gerar argumentos que desqualificassem a referência de valor estipulada, seu efeito foi reduzido consideravelmente e suas estimativas tornaram-se mais neutras. A conclusão é que refletir sobre questões que contradizem a ancoragem diminui o efeito dela sobre nós.

Outro exercício é tentar enxergar a situação pela ótica do interlocutor. Quais seriam as alternativas dele caso não fechasse um acordo? Como ele resolveria o problema? Teria mais custos para tal? Como pontuei anteriormente, mesmo que suas alternativas externas sejam ruins, as do seu interlocutor podem ser ainda piores. Em uma simulação de negociação empresarial[37] envolvendo a venda de uma unidade fabril de uma empresa farmacêutica, participantes exerceram os papéis de comprador e vendedor. As alternativas, caso não chegassem a um acordo, eram ruins para ambos: o potencial comprador teria que construir uma fábrica do zero, ao custo de 25 milhões. Já o vendedor desativaria o parque fabril e venderia separadamente seus ativos por 17 milhões. Em condições normais, quem fez a primeira oferta obteve resultados acima da média, pois direcionaram a atenção dos receptores da proposta para seus limites e alternativas. Porém, quando os participantes foram estimulados a considerar a perspectiva do outro, ou seja, o que seu interlocutor faria caso não fechasse acordo, os efeitos da ancoragem foram limitados. Ao concluir que a alternativa externa do outro não seria interessante, como ter que construir uma fábrica do zero — o que demandaria mais dinheiro e tempo —, eles ficaram menos propensos a aceitar valores baixos.

Existem várias perspectivas e critérios objetivos para avaliarmos quais seriam resultados factíveis na negociação. Escolher a referência errada pode tirar seu foco. Um bom exemplo disso são as políticas de descontos, que representam uma forma sutil e poderosa de moldar nossas percepções. Em um estudo[38] para analisar a profundidade desses efeitos no cérebro, participantes provaram *duas taças do mesmo vinho*, porém uma tinha etiqueta de preço de 5 e a outra de 45. Além de reportarem terem gostado mais do vinho supostamente mais caro, a parte do cérebro relacionada ao prazer foi mais ativada ao tomá-lo quando comparado aos que experimentaram o vinho que acreditavam ser mais barato. A referência de valor provocou que não apenas valorizassem mais o item, como sentissem mais prazer ao experimentá-lo.

Considerando todos esses pontos, como reduzir objetivamente os efeitos da ancoragem?

1. Neutralize a âncora imediatamente

Quanto mais tempo um número passa na mesa, mais ele vai criando raízes e mais difícil fica ignorá-lo. Por isso, deixe logo claro o quanto a proposta do outro é completamente fora de propósito.

Em uma negociação em sala de aula, um aluno que fazia o papel de vendedor fez uma proposta absurda de 40 mil reais por um item que valia 22 mil. Para minha surpresa, ao ouvir o número, o comprador simplesmente anotou, sem reagir a ele. Depois de muitas idas e vindas na barganha, ficaram em um impasse. Após a negociação, quando fomos discutir o caso em grupo, o vendedor falou: "Eu não baixei muito minha proposta porque eu tinha certeza de que ele poderia pagar algum valor próximo a ela. Se ele anotou meus 40 mil reais, com certeza achou o número factível!". Quando perguntei ao aluno que fazia o papel de comprador por que ele tinha anotado, ele respondeu: "Por educação. Achei o valor absurdo, mas o que eu poderia fazer...?". Ele achou que essa questão era irrelevante para a percepção do outro, mas esse detalhe moldou as expectativas do vendedor e acabou resultando em um impasse.

2. Mude seu ponto de referência

Partindo do princípio de que a âncora tem como poder direcionar sua atenção, é preciso tentar buscar outros pontos de referência para contrabalancear sua análise. Relembrar seu alvo ou aspirações na negociação tem elevado efeito de neutralizar os impactos da ancoragem. Até mesmo os negociadores experientes acabam se esquecendo ou mudando suas metas no calor da negociação,[39] mas, caso sua preparação tenha sido bem feita, suas aspirações serão válidas e não precisarão ser ignoradas pelo fato de ouvir um número arbitrário ou agressivo vindo da outra parte. Relembrar qual seria sua melhor alternativa externa impedirá que você faça qualquer acordo pior do que ela.

Além disso, reflita ou tente identificar quais seriam as alternativas externas e o limite mínimo do seu interlocutor. Ao fazer isso, seu foco será direcionado para o piso e não para o teto do que ele almeja.

3. Busque informações e argumentos que sejam inconsistentes com a referência de valor colocada

Resista ao impulso de tentar encontrar sentido no número colocado pelo interlocutor. Em vez disso, foque em listar argumentos pelos quais a referência proposta por ele seria inválida e não se aplicaria à situação. Isso fará com que seus efeitos sejam minimizados.

4. "Contra-ancore"

Após considerar todos os pontos que "desqualifiquem" a referência de valor colocada, faça sua contraproposta, oferecendo sua própria referência de valor na negociação e combinando-a com argumentos que a validem. Tenha em mente também que, a partir desse momento, qualquer menção que você faça à âncora original proposta pelo seu interlocutor enfraquecerá a referência que você acabou de colocar, pois reduzirá o peso dela na discussão.

Evitando a maldição do vencedor

Um colega de trabalho estava muito inseguro em relação a qual proposta enviar por e-mail para um potencial cliente. Tinha um valor-alvo em mente, mas sabia que seu interlocutor estava conversando com outros potenciais fornecedores, o que lhe deixava com medo de propor um valor alto demais e perder o negócio. Tampouco queria propor um valor baixo, já que estava iniciando um relacionamento comercial e o valor desse negócio seria uma referência para futuras transações. Além disso, semanalmente precisava apresentar seus resultados ao gestor, e o preço médio dos negócios fechados era um dos itens discutidos.

Após muita reflexão, decidiu propor um valor razoável acima do seu limite mínimo, mas abaixo do seu alvo. Para sua surpresa, em apenas três minutos recebeu a resposta por e-mail: "Ok, aprovado. Vamos em frente". Pela sua reação à mensagem, achei que tinha recebido uma notícia ruim, mas o motivo de sua frustração era outro. Apesar de ter fechado negócio no valor que ele mesmo propôs, estava frustrado porque sentiu que propôs menos do que poderia. Resmungou com os colegas ao redor: "Como assim? Ele mal pensou! Deve estar rindo agora pela proposta ridícula que enviei! Poderia ter pago muito mais!".

Esse fenômeno é conhecido na literatura da negociação como *maldição do vencedor*:[40] o negociador propõe um valor que é aceito sem restrições, mas fica frustrado por concluir que poderia ter conseguido mais. Em alguns casos, esse sentimento é tão forte no negociador que ele pode até desistir de fazer negócio pelo valor que ele mesmo propôs. Presenciei uma simulação de negociação em sala de aula na qual um aluno falou: "Minha proposta é de 20 mil reais". Sem pestanejar, seu interlocutor disse: "Fechado. Assine aqui!". O aluno que fez a proposta original recuou imediatamente, questionando se havia errado em algo, não quis assinar e tentou renegociar. Acabaram entrando em uma discussão sobre palavra, honra, justiça e foram os únicos da sala que não fecharam negócio.

Como mencionei, o contentamento com a negociação é um fenômeno psicológico não necessariamente racional. Na ausência de informações claras e objetivas para avaliar se fizeram bons acordos, negociadores acabam se apegando a sinais e referências para chegar a essa conclusão. Um desses sinais é a velocidade com que seu interlocutor aceitou sua proposta e o entusiasmo que ele transmitiu ao fazer isso. Outro é a quantidade de concessões demandadas.

Outras vezes, a comparação é interna, com critérios previamente estabelecidos pelo negociador — como meta, expectativa, limite mínimo aceitável. Ao usar sua própria proposta inicial como critério de avaliação,[41] o negociador pode considerar que qualquer concessão representa uma perda. Estudos indicam que primeiras ofertas têm efeitos opostos entre resultado e nível de satisfação: ofertas arrojadas fazem o negociador obter resultados melhores, mas posteriormente avaliam o acordo como pior, por considerar o resultado como uma perda em relação ao valor original proposto. Já os que fazem propostas mais baixas limitam seus ganhos, mas saem satisfeitos por terem feito poucas concessões — desde que sintam que houve alguma negociação.

A maioria dos negociadores deseja sentir que o valor final negociado não era exatamente o que o outro tinha em mente, que houve um esforço para aceitá-lo. Se soubermos precisamente quanto o outro pretende pagar, ao fazermos uma primeira oferta além desse limite, temos chances de que ele faça um esforço para estender esse limite ou que tenha a satisfação de ter conseguido extrair concessões para chegar a um valor viável.

O autoquestionamento em relação à sua proposta inicial não ter sido bem-feita produz insatisfação.[42] Mesmo que sejamos o receptor da proposta, essa questão precisa ser levada em conta, já que a satisfação de seu interlocutor também deve ser uma preocupação. Em última instância, negociadores insatisfeitos têm menos propensão a executar o negócio e maior chance de tentar renegociar ou rescindir futuramente.

Uma vez, fui visitar com minha esposa um possível apartamento para alugar, que seria mostrado pelo proprietário. Um amigo que morava nesse prédio compartilhou conosco que a procura pelo imóvel estava grande. Logo que entramos no local, tivemos o sentimento de que era perfeito. Naturalmente, contivemos nossa euforia e seguimos a visita. Quando o proprietário se afastou por um momento, minha esposa falou: "Não vamos correr o risco de perder esse imóvel. Vamos fechar logo! Não tente 'dar aula de negociação' para barganhar se o valor já for razoável". Ao final da visita, ele perguntou nossa percepção. Falamos que era adequado e ele compartilhou o valor que "estava querendo pelo aluguel". Embora não fosse barato, o preço estava dentro de nossas expectativas. Eu *senti* que dava para baixar um pouco — entre 5% e 10% —, mas era apenas uma percepção. Pensei que não haveria problema em abrir uma negociação respeitosa com o proprietário, mas calculei que não valia correr qualquer risco de deixar minha esposa insatisfeita, ainda mais considerando que ela pediu expressamente para não arriscarmos. Por outro lado, sabia que aceitar de imediato a proposta do locador poderia gerar nele a maldição do vencedor, o que seria ruim, considerando que teríamos um relacionamento de pelo menos trinta meses e que todo mês, ao receber meu pagamento de aluguel, ele teria o sentimento de que "poderia ter pedido mais".

Que dilema! Concluí que a melhor forma de administrar a satisfação de todos e minimizar riscos seria demonstrar que pensei sobre a proposta (por alguns segundos) e apresentar uma justificativa para meu aceite (demonstrando nosso esforço para concordar com o valor). Falei: "Esse valor está um pouco acima do que pretendíamos pagar no aluguel, mas gostamos do imóvel e não estamos dispostos a gastar o tempo de ambos em um longo processo de barganha. Por isso, pagaremos o que você pediu, com a certeza de que você demonstrará a mesma boa vontade ao longo do contrato, quando novas questões surgirem". Alugamos o imóvel e tivemos uma ótima relação com o proprietário.

Reforçando que a satisfação na negociação é algo relativo, por envolver interpretações subjetivas, estratégias indicadas para aumentar a satisfação do seu interlocutor seriam:

1. Demorar um pouco — dependendo do caso, minutos, horas ou poucos dias — para aceitar uma proposta. Isso é mais fácil de fazer por meios assíncronos, como e-mail e mensagem.
2. Demandar uma pequena concessão, que você entenda que não inviabilizaria o negócio. Mesmo que seu interlocutor não conceda, ele tende a ficar mais satisfeito por ter negado.

Naturalmente, toda abertura à negociação envolve algum risco. Por essa razão, se não quisermos correr risco algum, a melhor opção é aceitar a proposta — viável — recebida, justificando seu aceite, o que psicologicamente gera o efeito de que foi feito algum esforço para aceitar o valor demandado e minimiza a insatisfação do interlocutor.

Faça concessões de forma estratégica

O tamanho e a velocidade das concessões feitas em uma negociação afetam o resultado obtido e o nível de satisfação dos envolvidos. Antes de passar nosso preço, é essencial que estejamos confiantes em relação a ele. Uma eventual insegurança sinalizará que nem nós mesmos acreditamos nele, resultando numa propensão a nos fazerem contrapropostas. De forma curiosa, muitos negociadores costumam fazer a primeira concessão unilateralmente, antes mesmo da negociação começar. Por insegurança em relação às expectativas do interlocutor, acabam enviando propostas iniciais mais baixas do que efetivamente almejariam. Uma maneira eficaz de aumentar sua confiança é aprofundar a visão sobre o valor do seu produto ou serviço. Para tanto, não se limite a analisar o quanto ele custa em recursos ou esforço, e sim vislumbre o quanto gera de benefício para os outros. Conversando com o estagiário de um grande escritório de advocacia, ele disse: "Não sei como as empresas chegam a pagar 50 mil pelo parecer jurídico de um advogado renomado. É um serviço que ele faz em apenas duas horas". Perguntei: "E quanto isso pode gerar de benefício para a empresa contratante?". Ele respondeu: "Alguns milhões". A razão de repente ficou bastante clara.

Ao fazer sua proposta, não esqueça de acompanhá-la de boas justificativas. Âncoras são mais poderosas quando embasadas, em vez de simplesmente jogadas na mesa.[43] Se tiver argumentos poderosos, vale a pena usá-los ao apresentar seu número. No entanto, caso seus argumentos sejam frágeis, é melhor apenas colocar a proposta,[44] sem justificá-la, já que uma argumentação frágil se torna um alvo fácil contra o qual seu interlocutor se sentirá impelido a atirar.

Para diminuir as chances de que a negociação vire uma disputa simplista, é importante tentar adicionar vários itens ao escopo e discuti-los simultaneamente, combinando concessões entre as diversas variáveis para ir ajustando o pacote como um todo. Como os envolvidos valorizam de forma diferente cada item, atuar dessa forma permite que se busquem trocas que gerem alto benefício para um, sem representar um grande sacrifício para o outro. Muitas pessoas consideram que é melhor ir discutindo item a item, normalmente começando pelo mais importante, para depois acertar os outros detalhes. Essa postura, no entanto, desmembra a negociação em vários pequenos "cabos de guerra", desperdiçando as oportunidades de criação de valor com a combinação de vários quesitos dentro do acordo.

Por exemplo, na contratação de um serviço, seria menos indicado conduzir dessa forma: "Vamos discutir o preço. Depois, acertamos detalhes como forma de pagamento, data de início, período de contrato, dentre outros" do que dessa: "Propor 10 700 reais, com pagamento parcelado, início imediato e contrato de um ano" e ir fazendo ajustes combinados entre os itens, talvez chegando a "10 mil por ano, com pagamento à vista, início em dois meses, para contrato de dois anos".

Muitas vezes uma das partes não conseguiria concordar com a concessão em um item isoladamente, mas, ao obter uma compensação em outro item, o pacote se torna viável. Mesmo trabalhando para criar valor, é provável que em certo momento a negociação caminhe para batidas e rebatidas de ambos os lados, como um jogo de tênis. É importante garantir que você não esteja concedendo de forma desproporcional, nem que seja o único cedendo, sem obter contrapartidas do outro lado.

Na hora de conduzir essa troca de concessões, recomendo que você:

1. **Valorize suas concessões:** deixe explícito que você está abrindo mão de algo ao ajustar sua proposta.
2. **Registre as concessões feitas:** vá anotando, em local que ambos visualizem, os ajustes que você fez em sua proposta. Isso reforça que as concessões são um benefício em relação ao valor original.
3. **Compare as concessões realizadas por ambos:** caso perceba que suas concessões foram mais profundas do que as do outro, é impor-

tante demonstrar a desproporção e reforçar, novamente, a necessidade de reciprocidade.
4. **Não desperdice concessões:** em ambientes de escassez, sua capacidade para conceder pode ser limitada. Por isso, é preciso ter bastante clareza em relação a qual problema do seu interlocutor sua concessão resolveria. Cada concessão deveria claramente atender a um interesse relevante, custando o mínimo possível e gerando benefício proporcional ou superior a ela.
5. **Reduza suas concessões ao longo da barganha:** Caso esteja chegando ao seu limite viável, reduza o ritmo e o tamanho das concessões para sinalizar que você chegou a um ponto onde tem pouca flexibilidade para continuar concedendo.

Agregar perdas e segregar ganhos

Outro ponto que pode impactar o processo de barganha é compreender as diferentes reações que temos quando expostos a potenciais perdas ou ganhos. Por exemplo: a satisfação por achar uma nota de dez reais hoje e outra amanhã é maior do que a de achar uma nota de vinte reais de uma vez. No entanto, a irritação por perder dois reais todos os dias por dez dias consecutivos é maior do que perder vinte reais de uma vez. Embora os resultados sejam financeiramente idênticos, as pessoas preferem sentir de uma vez a dor da perda acumulada e ter a sensação prolongada de pequenos ganhos.

Operadoras de telefonia[45] usam essa estratégia para reduzir seu sentimento de "perda" na compra de um plano. Cobram um valor único por vários benefícios (15GB + ligações ilimitadas + roaming nacional + música + WhatsApp + Instagram + Facebook + Twitter + banca virtual + seguro). Se fossem cobrar cada um desses itens separadamente, a dor de cada cobrança seria intensificada, fazendo-nos sentir várias "perdas" ao abrir mão de dinheiro por elas. Elas consolidam a cobrança em uma perda financeira única e apresentam vários benefícios que são trocados por ela.

Qual é a relação disso com a negociação? É melhor agregar perdas e segregar ganhos.⁴⁶ Em outras palavras, solicitar demandas de uma vez ou em blocos e oferecer suas concessões em estágios, pouco a pouco. Quando os benefícios adicionais são oferecidos um a um, a satisfação é maior do que se fossem todos oferecidos em conjunto. Quando todos os benefícios já nascem agregados à oferta original, eles não são valorizados como concessões.

Outro ponto que impacta o nível de satisfação com o acordo e a disposição em realizar concessões é a reação dos interlocutores às propostas e contrapropostas. Na ausência de parâmetros claros para determinar se um negócio é bom ou ruim, os negociadores tendem a usar as emoções e reações dos interlocutores como referência. Em processos de barganha, negociadores costumam se sentir mais satisfeitos ao final da negociação, quando percebem que o outro ficou levemente desapontado, do que ao vê-lo feliz, já que isso geraria dúvidas quanto aos próprios resultados obtidos.⁴⁷

Da mesma forma, como vimos, a aceitação imediata de uma proposta pode gerar remorso e insatisfação por fazer o negociador se questionar se sua proposta não foi benevolente demais.

Demanda de última hora

Uma tática muito usada por negociadores é tentar captar uma concessão adicional no último momento, com uma demanda final quando o acordo já parecia estar fechado. Em muitos casos, essa demanda surge quando o acordo já estava até redigido e as partes se encaminhavam para a assinatura. Algo como: "Conversei com minha diretoria e eles disseram que precisamos de 2% de desconto para poder assinar". Quem faz uso oportunista dessa tática presume que o outro já conta com o fechamento desse negócio e não desistirá de tudo por uma última concessão, que parece pequena se comparada ao acordo todo. Tenta também vencer pelo cansaço, já que muitas vezes levaram tempo para chegar a esse ponto e a outra parte estaria ansiosa para encerrar a negociação. Para neutralizar essa tática, é importante tratar esse pedido de ajuste como uma reabertura geral da negociação. Deixe claro que, com essa demanda, você também se sente no direito de fazer outras solicitações de compensação.

Use acordos contingenciais para superar impasses

Muitos impasses são gerados porque negociadores não conseguem concordar em relação a visões de futuro. Uns podem ser mais otimistas e outros, mais pessimistas em relação a eventos que impactariam no valor do negócio ou na segurança sobre o que foi negociado. Uma tática para esses casos é o uso de *acordos contingenciais*,[48] em que condições do tipo "se algo acontecer, então faremos isso ou aquilo" são adicionadas para reduzir o risco das partes em relação a eventos incertos. Diferentes previsões de futuro podem ser acomodadas com acordos contingenciais que estabelecem condições futuras para determinar resultados específicos. Esse tipo de contrato capitaliza as diferentes visões de mundo dos negociadores. Considere uma transação de investimento em uma startup, por exemplo. O investidor acredita que ela vale x por estimar que as vendas só serão alavancadas dali a três anos. O empreendedor acredita que a empresa vale 3x, porque tem fé que seu faturamento decolará dentro de um ano. Um não precisa convencer o outro de que sua previsão se concretizará ou de que está certo e o outro errado. Eles podem fazer um acordo contingencial, permitindo que cada um aposte no que acredita. Podem acertar o preço de x, com uma cláusula prevendo que, se o faturamento atingir determinado patamar em certo período, o investidor fará um aporte adicional. Caso haja dúvida se uma patente será concedida, por exemplo, podem condicionar parte do investimento à futura confirmação de concessão.

A negociação salarial entre empresa e funcionário também pode contemplar acordos contingenciais. Com um funcionário que acredita que deveria ser mais bem remunerado por estar certo de que alcançará resultados, pode ser negociada a manutenção de seu salário fixo, mas adicionado um bônus pelo atingimento de metas ou comissionamento sobre receitas geradas.

Diferentes visões em relação à possibilidade de sucesso em um processo judicial podem ser contempladas por esses acordos, que acomodam diferentes visões futuras ou atitudes em relação ao risco. Na negociação de honorários, em que o advogado diz que o processo do cliente é causa ganha e o cliente (por falta de familiaridade com a questão e limitações financeiras) não quer arriscar investir no processo e perder, eles podem fazer um acordo com pagamento mínimo inicial e um percentual mais alto para o advogado no êxito. Contratos contingenciais são mais úteis e aplicáveis em situações que são objetivas e mensuráveis.

Nas negociações, por mais que haja boa vontade e cooperação, isso se torna inútil caso negociadores discordem em relação a importantes eventos futuros.[49] Nesses casos, a vantagem dos acordos contingenciais é que eles transformam barreiras em pontes que ambos estão confiantes em atravessar por terem conseguido apostar no que acreditavam. Outro benefício desse tipo de acordo é que, além de resolver impasses, eles deixam mais claro se alguém estiver mentindo ou supervalorizando uma questão. No caso do advogado, a resistência em concordar com essa proposta pode sinalizar que ele não acredita tanto assim que seja uma causa ganha, o que seria uma forma de detectar inconsistências entre discurso e atitudes. Caso esteja negociando com alguém que argumente que não há como algo dar errado, mas não aceite um acordo que o penalize ou gere menos benefícios no caso de insucesso, é muito provável que ele mesmo não acredite em suas próprias suposições, o que deve acender um sinal de alerta em você.

Nas negociações, por mais que seja impossível ter certeza sobre as intenções, informações e credibilidade dos envolvidos, é possível adotar medidas para minimizar os efeitos de potenciais desvios de conduta.

Táticas para superar mentiras e falta de confiança

Confiança gera colaboração e contribui para a criação de valor, mas, apesar de desejável, não é requisito essencial nas negociações. Não precisamos confiar no outro para fechar um negócio, precisamos é garantir que o acordo seja exequível.

No início da minha carreira, eu estava negociando um contrato de exportação com um potencial distribuidor no Equador. Era um pedido inicial de 100 mil dólares, que deixou nosso departamento financeiro preocupado com uma possível inadimplência, ainda mais levando em consideração a dificuldade de cobrar o cliente em seu país de origem. Sem histórico de transações anteriores naquele país, tivemos várias discussões internas sobre a confiabilidade do cliente. Decidimos lhe pedir o histórico bancário, que não ajudou muito, pois era assinado pelo Banco Pichincha, nome que à primeira vista não nos transmitia muita confiança, apesar de depois termos descoberto ser um tradicional banco local. Após muita incerteza, nosso departamento financeiro disse que confiava na minha capacidade de julgamento e me perguntou se eu confiava no cliente o suficiente para liberar o pedido. Eu não tinha dados suficientes para tal avaliação, pois tinha encontrado presencialmente o cliente apenas uma vez e havíamos trocado alguns e-mails e telefonemas. Após refletir, concluí que eu não precisava confiar nele, mas garantir a exequibilidade da cobrança. Consultei o Banco do Brasil e solicitei que fosse feita uma carta de crédito, assegurando que a mercadoria só poderia ser retirada no destino caso o cliente e o banco local se comprometessem com o pagamento. Por mais que isso tivesse um custo, era um procedimento seguro. Nesse episódio, aprendi a não procurar confiança, mas buscar formas de garantir que o acordo seja cumprido.

Nas negociações, as partes detêm diferentes níveis de conhecimento e muitas vezes é preciso utilizar dados fornecidos por terceiros para tomar decisões. É impossível verificar a veracidade de todas as afirmações feitas em uma interação, em tempo real. Assim, ações e omissões do interlocutor podem afetar nossa capacidade de julgamento. Partir do princípio de que o outro é confiável pode se revelar custoso posteriormente.

Negociadores podem se sentir tentados a mentir para obter benefícios financeiros imediatos. Em um estudo em que tinham incentivos diretos para mentir, 30% dos negociadores o fizeram, desconsiderando os efeitos nocivos financeiros e relacionais que a mentira pode causar no médio/longo prazo. Além disso, as pessoas estabelecem critérios diferentes sobre os limites éticos em uma negociação. Uns consideram que ocultar informações é menos grave do que mentir ativamente. Para outros, um blefe faz parte do jogo e outros tantos consideram inadmissível qualquer distanciamento da verdade, que para certas pessoas é apenas uma visão dos fatos.

Em geral, mentirosos possuem como padrão de comportamento falar muito, para tentar enrolar. Pesquisadores apelidaram essa postura de *efeito Pinóquio*. Já os que mentiam por omissão — ocultando dados ou sendo evasivos — foram sucintos nas respostas, usando pouquíssimas palavras ou mudando de assunto.[50]

Por mais que busquemos confiar, nossa habilidade para avaliar se alguém está falando a verdade é insuficiente. Estudos indicam que, em média, nossa capacidade de detectar mentiras é igual a de acertarmos cara ou coroa ao jogar uma moeda.[51] Apenas os membros do serviço secreto americano conseguiram resultados consistentemente acima do que pode ser considerado sorte, com 64% de acerto.

As pessoas partem do princípio de que as outras estão falando a verdade e acreditam que elas sejam verdadeiras mais vezes do que realmente são. Para nos protegermos de mentiras, o ideal é minimizarmos os incentivos que os outros teriam para mentir ou fazer com que fique mais difícil ou custoso mentirem.

Ao lidar com pessoas que se sentem mais confortáveis ao mentir por omissão, o ato de fazer perguntas as obrigará a se manifestar objetivamente sobre algo, talvez além do que considerem eticamente aceitável. Ao sinalizar que temos condições de checar as informações ou consultar outras pessoas, indicando que o acordo e a reputação do negociador podem ser colocados em risco, desencorajaremos a mentira. Outro fator de desestímulo à mentira é se mostrar bem preparado, informado e conectado com pessoas do mercado ou próximas ao interlocutor.

Fazer perguntas sobre questões cujas respostas sabemos também ajuda a detectar uma mentira. Dependendo de como respondam, você saberá se há tendência a mentir, o que demandaria redobrar a atenção. Em uma simulação de negociação que uso com meus alunos, o potencial comprador tem a informação do valor pelo qual o vendedor adquiriu o terreno anos atrás, mas o vendedor acredita que só ele tenha esse dado. Muitos alunos que assumem o papel de vendedores mentem quando questionados sobre esse valor, impactando seriamente o clima de confiança nessas simulações.

Crie o hábito de adotar um ceticismo saudável. Mesmo que confie em um potencial parceiro, é válido manter algum grau de questionamento sobre suas reais intenções. Segundo a professora Leigh Thompson,[52] é melhor adotar uma postura de *suspeita*, não de *descrédito*. Apesar de parecer a mesma coisa, ao *desacreditar* alguém, temos expectativas *negativas* com relação às suas intenções. Ao *suspeitar*, estamos *incertos* acerca de suas razões. Na primeira, acabamos nos fechando e presumindo o pior de tudo o que é dito. Na segunda, adotamos uma postura de verificar informações e nos certificarmos de que nossos acordos serão cumpridos.

QUINTO PILAR
Emoções

AS EMOÇÕES PODEM MUDAR COMPLETAMENTE OS RUMOS de uma negociação e destruir o que foi construído a muito custo, muitas vezes em longas interações. Quando estamos com raiva, temos maior tendência a criticar os outros e suas ideias e acabamos nos esquecendo dos objetivos, mudando o foco para dar uma lição ao nosso "adversário". Quando estamos ansiosos, nossa tendência é evitar negociar ou terminar a negociação o mais rápido possível, nos livrando do desconforto que sentimos durante a interação.

É comum termos dificuldade de expressar nossos interesses quando vivenciamos situações de conflito; muitas vezes até conseguimos expressar "o que" queremos, mas dificilmente elaboramos argumentos mais profundos sobre "por que" queremos algo — um ponto essencial para ampliar a discussão. Em geral, é um desafio grande lidarmos com *conversas cruciais*,[1] diálogos entre dois ou mais indivíduos nos quais há grandes interesses envolvidos, as opiniões divergem e há fortes emoções. Nesses diálogos complicados, a tendência é agirmos de uma dessas três formas: evitando-os, enfrentando-os com ineficácia ou lidando corretamente com eles (infelizmente, a menos frequente das ações).

Por que podemos virar reféns das emoções?

Imagine que estejamos em nosso último dia de trabalho, prestes a nos aposentar. Este ato final de carreira coincide com a data de uma apresentação importantíssima, de enorme visibilidade, que pode nos deixar um valioso legado. Estamos bem preparados e nos apresentando com maestria, mas algo inesperado acontece que nos tira do prumo. Perdemos o controle das emoções e o evento é um fracasso total.

Esse cenário aconteceu com Zinédine Zidane. Considerado por muitos o melhor jogador da história do futebol francês e um dos grandes nomes do futebol mundial, ele é um exemplo de profissional fora de série, com uma carreira vitoriosa. É o típico profissional que cresce em momentos decisivos. Quando muitos se escondem, ele brilha, com elevado histórico de gols em finais de campeonato. Em sua última partida como jogador profissional, passou por uma situação emblemática.

Era a final da Copa do Mundo de 2006. Logo no início do jogo, Zidane fez o primeiro gol da França e, ainda no primeiro tempo, a Itália empatou. O jogo foi para a prorrogação. Faltando dez minutos para terminar a prorrogação, houve um choque com Materazzi, que puxou a camisa de Zidane. Já correndo para voltar para seu campo, Zidane se virou para o italiano e disse, em tom de provocação: "lhe darei minha camisa mais tarde". Materazzi afirmou ter respondido: "prefiro levar sua irmã". Especialistas em leitura labial afirmaram que além disso, o italiano chamou a única irmã de Zidane de "prostituta". Ao ouvir essa ofensa, Zidane imediatamente parou de correr, deu um passo na direção do italiano e acertou uma cabeçada no peito do adversário, que caiu no chão, supervalorizando a agressão. A seleção francesa viu seu principal jogador ser expulso e acabou sendo derrotada na disputa de pênaltis. Em uma imagem marcante, Zidane sai cabisbaixo de campo, pela última vez em sua carreira, passando ao lado da taça que levantou pela primeira vez na história da França oito anos antes e que, por pouco, perdeu a chance de erguer novamente.

Em um dos jogos mais importantes de sua carreira, com bilhões de pessoas assistindo, será que ele pesou os prós e os contras antes de tomar sua decisão? Será que revidar a agressão imediatamente (e perder o título) era melhor do que devolver a provocação minutos depois, com a medalha de ouro no peito, ou até mesmo revidar a agressão ao final do jogo? Você pode estar se perguntando: "o que Zidane pensou nesse momento?". A resposta é: não pensou. Apenas reagiu.

Segundo o neurocientista norte-americano Joseph LeDoux, algumas reações emocionais podem acontecer sem consciência nem participação cognitiva alguma. Essas explosões emocionais — como a de Zidane — são conhecidas como sequestros neurais ou sequestro da amígdala. Ao percebermos uma ameaça, nossa amígdala soa um alarme,[2] liberando[3] uma cascata de hormônios no nosso corpo; entre eles, estão a adrenalina e o cortisol. O centro límbico declara uma emergência, recrutando o restante do cérebro para uma resposta emergencial. O coração acelera, a pressão sanguínea sobe e os músculos principais se preparam para uma ação instantânea de luta ou fuga, que pode ocorrer antes mesmo que o neocórtex, responsável pelo processamento de informações, tenha a oportunidade de avaliar o que está acontecendo e decidir a ação mais adequada. Ou seja, durante uma emergência emocional, a rede de conexões da amígdala assume o controle do nosso cérebro e, consequentemente, das nossas reações automáticas.

Segundo a neurocientista Lisa Feldman Barrett,[4] a missão mais importante do cérebro humano é nos manter vivos. Ele a cumpre se valendo apenas de sinais — sons, visões, toques, odores e sabores — recebidos dos sensores do corpo e tenta adivinhar qual seria a causa deles. A forma como ele traduz esses sinais para tentar encontrar algum sentido é usar experiências passadas: "O que gerou essas sensações em contextos similares?", "Qual estratégia funcionou para me manter vivo antes?". A cientista explica que, na prática, o que o cérebro faz é prever: a cada sinal recebido, ele prevê o que está acontecendo e como você deveria agir nesse contexto.

Ao perceber sinais como batimento cardíaco acelerado, suor, vermelhidão, e associar essas sensações com situações passadas, seu cérebro construirá a emoção que melhor se relacione com esses sinais. Certamente ele se sairá melhor nessa tarefa se tiver um repertório amplo de emoções para fazer uma classificação precisa.

Classificação e rotulação de emoções

Uma pesquisa com centenas de participantes identificou que as pessoas não conseguem compreender e classificar bem suas emoções. Acabam usando palavras iguais para definir emoções que não necessariamente têm o mesmo significado. Algumas usam termos como *feliz, contente, alegre* e *animado* para classificar experiências diferentes, e outras podem usá-las como sinônimos para dizer que estão se sentindo bem. A capacidade de distinguir entre essa variedade de sentimentos, com distinções precisas entre emoções específicas, é chamada por Barrett de granularidade emocional. Ela faz uma boa analogia disso com a degustação de vinhos, em que experts são capazes de perceber variações sutis de sabor e aroma no mesmo vinho em diferentes safras ou entre diferentes barris da mesma safra. Entusiastas de vinho menos experientes não conseguem fazer essas distinções sutis, mas identificam com facilidade se estão degustando um malbec, um merlot ou um cabernet sauvignon. Já os leigos conseguiriam apenas fazer distinções genéricas como seco, suave ou "alcoólico".

Da mesma forma, pessoas menos familiarizadas com suas emoções poderiam dizer de forma genérica "estou com um sentimento estranho" ou "algo não está certo", enquanto indivíduos com alta granularidade emocional conseguiriam identificar diferentes níveis de intensidade e variações de sentimentos, como:[5]

- **Sentimento leve:** distraído, inseguro, indeciso, desconfortável.
- **Sentimento moderado:** intrigado, frustrado, preocupado, inquieto.
- **Sentimento intenso:** desconcertado, perturbado, alarmado, atordoado.

A capacidade de classificar essas emoções demanda um raciocínio consciente sobre a experiência vivenciada que torna possível decidir a melhor forma de reagir. O processo que leva ao modo como nos sentimos e reagimos, conhecido como cadeia emocional, envolve quatro processos mentais e fisiológicos: alerta, interpretação, estímulo e comportamento.

1. Se você está em casa sozinho e ouve um barulho na cozinha, seu coração e respiração podem ficar acelerados (alerta).
2. Você tentará observar alguma movimentação para identificar se há alguém por lá ou se foi o vento que derrubou algo (interpretação).
3. Dependendo do que for, você pode ficar aliviado ou pronto para lutar ou fugir (estímulo).
4. Se for o caso, você pode correr até a porta e fugir do apartamento ou ligar para a polícia (comportamento).

A percepção dessa ameaça gera alterações na química cerebral, que deixam o corpo pronto para agir — lutar, fugir ou congelar — e garantir sua sobrevivência. Em milhares de anos de evolução, esse mecanismo mudou pouco. A percepção de ameaças que no passado poderiam representar risco de vida hoje demandaria apenas uma conversa para serem neutralizadas. Ao ouvir um insulto ou expressão agressiva do outro, é importante distinguir claramente se há um risco real ou se é algo que ameaça apenas a forma como você desejaria ser visto ou uma expectativa criada. A interpretação dos sinais do nosso corpo facilita a decisão da melhor ação a tomar caso alguma atitude seja necessária no momento além de simplesmente ignorar a ameaça. O esforço para aprender novas palavras relativas às emoções e classificar internamente seus sentimentos de forma mais específica promove maior flexibilidade e eficiência nas respostas a elas. Estudos científicos indicam que pessoas que conseguem distinguir suas emoções precisamente são 30%[6] mais flexíveis ao se autorregularem, têm menor tendência[7] a beber em excesso quando estressadas e são menos propensas[8] a retaliar com agressividade alguém que as tenha ferido.

Efeitos das emoções nas negociações

Há mais de trezentos anos, o diplomata francês François de Callières, secretário de gabinete do Rei Luís XIV, escreveu:

> Possivelmente não há trabalho tão difícil de executar quanto o de negociar. Ele exige concentração, destreza, sutileza, uma vasta extensão de conheci-

mentos e, sobretudo, discernimento justo e apurado... O negociador deve ter presença de espírito para responder bem às coisas imprevistas e emitir respostas sensatas de maneira fluida. Um humor tranquilo e paciente... uma aproximação aberta, civilizada... em vez de um ar sisudo e frio, com semblante sombrio e rude, desestimulado, que geralmente causa aversão.[9]

Agora, estudos com monitoramento cerebral comprovam o que ele havia observado intuitivamente: emoções negativas como a raiva podem desencadear efeitos destrutivos. Mencionei anteriormente que não existe uma pílula mágica para garantir o sucesso nas negociações, mas há algo capaz de destruí-las: ignorar os efeitos das emoções ao longo do processo. Os negociadores são pessoas, o que torna suas interações imprevisíveis e ricas em emoções. Como até as últimas décadas o estudo da negociação se restringia aos aspectos objetivos e táticos, ainda é comum ouvirmos dicas sobre como as emoções devem ficar de fora dos acordos, ou de que não devemos misturar sentimentos e negócios. Parece fazer sentido: mas é viável?

A resposta é não. E mesmo que fosse possível, não seria desejável. Primeiro, vale lembrar que as emoções não são necessariamente negativas. Durante a negociação, podemos experimentar emoções positivas, que com certeza contribuem para a criação de valor na negociação. Segundo Barbara Fredrickson,[10] umas das mais importantes pesquisadoras sobre o assunto, as emoções positivas ampliam a imaginação sobre quais podem ser nossos próximos passos, abrindo nossa consciência para uma variedade maior de ideias e nos tornando mais criativos e receptivos. Outros pesquisadores[11] também identificaram ligação entre emoções positivas e maior capacidade de solução de problemas, flexibilidade cognitiva e análise de informações, todos essenciais para acordos integrativos.

Em se tratando de emoções negativas, temos o efeito oposto: levam ao estreitamento da visão, reduzem a capacidade analítica e direcionam o comportamento das pessoas à sobrevivência no momento. Quando nos sentimos ameaçados, tendemos a lutar; quando estamos com medo, tendemos a fugir ou a evitar a discussão. Ao sentir emoções como raiva e frustração, nossa mente pode se encher de pensamentos negativos, fazendo com que os absorvamos ou os projetemos na outra pessoa. O cérebro passa a priorizar esses pensamentos negativos[12] em vez de atuar sobre o aprendizado, raciocínio ou memória. Nesse estado, negociadores podem ficar tão imersos em suas emoções e pensamentos ruins que nem percebem concessões e benefícios sendo oferecidos por seus interlocutores. Assim, emoções negativas são capazes de nos cegar e ensurdecer no calor do momento, desestabilizando a situação e tornando ainda mais difícil prever como os envolvidos reagirão. Para citar o professor William Ury, "se você estiver zangado, fará seu 'melhor discurso', do qual se arrependerá para sempre".[13] É o que fazemos: reagimos e atacamos acreditando que isso irá nos satisfazer, o que raramente é verdade.

Todas as habilidades que seriam mais necessárias e valiosas para a construção de acordos produtivos são inibidas em momentos de tensão: nossa capacidade de análise e tomada de decisão fica limitada, nossa criatividade é inibida, perdemos a visão de longo prazo e a empatia. Buscamos culpados, não soluções; deixamos de focar em atingir nossos objetivos, passando a tentar causar dano à outra parte. Uma palavra mal colocada pode destruir um potencial acordo. Reagir com raiva, por exemplo, é como jogar gasolina numa fogueira.[14] Quanto mais raiva é demonstrada, mais chances[15] há de que a negociação termine em uma batalha ou em um impasse. Negociadores com raiva são mais propensos a rejeitar acordos lucrativos, já que a raiva os distrai e eles tendem[16] a focar em questões relacionadas à sua raiva, não à negociação em si, perdendo o foco dos seus objetivos originais.[17] A raiva também leva a atalhos decisórios: o negociador irritado fica mais propenso a agir de forma impulsiva por minimizar os aspectos negativos de suas decisões e ser mais otimista em relação às possibilidades de ter sucesso ao seguir caminhos alternativos. Em suma, a raiva e suas manifestações podem nos distrair, destruir um potencial acordo e até mesmo arruinar um relacionamento.

Para complicar a situação, hoje sabemos que as emoções são contagiosas: temos tendência[18] a convergir emocionalmente em nossas interações. Isso quer dizer que o estado emocional do observador é resultado direto da percepção do estado emocional da pessoa com a qual está interagindo. Um negociador raivoso provocará[19] raiva no seu "oponente", que provavelmente buscará retaliação. Por outro lado, a boa notícia é que demonstrações de positividade tendem a melhorar o clima geral.

Administrando emoções na negociação

Mesmo reconhecendo os efeitos nocivos das emoções negativas, simplesmente ignorá-las não resolve o problema. É até possível evitar despertar emoções negativas, mas, quando emergem, é preciso saber lidar com elas. É normal e razoável sentirmos raiva ao nos sentirmos ofendidos, provocados ou enganados quando algo não sai como planejamos. A questão é como conseguir administrar as emoções para que as reações reflitam as decisões e você não fique à mercê de reações automáticas, que muitas vezes não correspondem ao caminho que melhor atenderia aos seus objetivos. Uma boa estratégia é tentar identificar quais são seus gatilhos emocionais, ou seja, o que lhe tira do sério. Para algumas pessoas, é não se sentir reconhecido por suas contribuições ou presenciar alguma injustiça; para outras, é ser repreendido ou desrespeitado. A identificação desses gatilhos ajuda a minimizar seus efeitos, já que você pode se preparar antecipadamente para lidar com eles. Segundo o professor Michael Wheeler, da mesma forma que nos preparamos para as questões objetivas da negociação, também devemos nos preparar emocionalmente. Ele sugere algumas perguntas[20] que podemos nos fazer antes de entrar em uma negociação, como:

- O que poderia me tirar do sério no meio de uma negociação?
- Por que eu me sentiria assim? (Será que minha autoimagem ou algum dos meus valores e princípios foram ameaçados?)
- O que poderia fazer para me recuperar?

QUINTO PILAR: EMOÇÕES

Não deixe a ansiedade ser um sabotador

Negociações são imprevisíveis e há risco de obtermos um resultado indesejado, seja ele financeiro ou relacional. Assim, uma emoção comum quando estamos na iminência de encarar uma negociação é a ansiedade.[21] Para nos livrarmos dela, a tendência é evitarmos negociar ou buscar resolver logo a situação, se apegando à primeira solução minimamente viável. O problema dessa postura é que ela rende[22] expectativas mais baixas, ofertas iniciais piores, aceitação muito rápida de propostas e saída precoce da mesa de negociação, naturalmente gerando resultados piores.

A ansiedade pode nos afetar antes de uma negociação importante, mas vale lembrar que ela também pode impactar o comportamento do seu interlocutor e se tornar uma vantagem, como ilustra a seguinte história que aconteceu comigo (os valores são hipotéticos). Na época, eu era diretor de uma empresa que estava negociando a contratação de um importante sistema de gestão comercial. Nosso gerente comercial já tinha feito duas reuniões com o consultor responsável pelo sistema e eu entraria na terceira rodada, na apresentação da proposta. Já no processo de "casamento de agendas", percebi um certo desespero do consultor, ávido para marcar o encontro assim que possível. Na reunião, ele apresentou detalhadamente as funcionalidades e os benefícios do sistema, até que chegou a hora de falarmos sobre preço.

Perguntei quanto o sistema nos custaria. Sua expressão mudou, o conforto que expressava na apresentação geral do produto se transformou em tensão e insegurança. Ele respondeu que, para trinta usuários, o valor da licença era de 42 mil reais por ano. Como eu não estava familiarizado com a proposta, fiz alguns cálculos mentais para avaliar a viabilidade. Após alguns segundos de silêncio, que para mim passaram muito rápido, mas que para ele foram uma eternidade, ele disse: "Mas para vocês podemos fazer por 38 mil reais". Sem responder, atualizei esse número nos meus cálculos mentais. Uns dez segundos depois, ele falou: "Se o problema for quantidade de usuários, podemos manter esse valor, adicionando quatro usuários". E assim seguiu, fazendo mais duas concessões sem que eu dissesse uma palavra sequer. Sua ansiedade e insegurança em relação ao preço de seu produto e seu desconforto em relação ao silêncio fizeram com que ele fosse sacrificando sua margem sem ter a menor noção de qual seria meu principal problema em relação à proposta, se é que havia de fato algum.

Uma lição importante, portanto, é: aprenda a ficar confortável com o silêncio. Depois de fazer uma pergunta ou apresentar um ponto, não diga nada, mesmo que o outro não se manifeste imediatamente. Caso tenha feito uma proposta e seu interlocutor insista no silêncio por muito tempo, não faça outra proposta antes que ele expresse alguma percepção sobre a anterior. Para estimular que ele se manifeste sobre a questão, você pode perguntar algo como: "Minha proposta ficou clara?". Por desconforto, nossa tendência é preencher qualquer ausência de fala em uma conversa. No entanto, o silêncio permite que a outra pessoa reflita ou se sinta impelida a complementar informações. Além disso, por mais óbvio que pareça, para obter impressões e aprender algo na negociação, é preciso dar espaço para o silêncio. Há uma pressão quase irresistível exercida pelo silêncio sobre negociadores ansiosos ou inseguros em relação ao próprio preço, o que acaba gerando concessões unilaterais. No exemplo acima, eu nem tinha usado o silêncio como tática, já que estava apenas refletindo sobre a proposta. Mas o uso estratégico do silêncio pode render boas concessões na etapa de distribuição de valor.

Outro efeito da ansiedade é que ela gera desconfiança no interlocutor. A pressão para acelerar a conclusão do negócio pode fazer o outro pensar que há alguma questão que ele não tenha enxergado à primeira vista, resultando em cautela ou resistência a fechar rápido. Se somos insistentes demais, podemos até estar fechando muitos negócios, mas certamente não estamos aproveitando todo o potencial que eles poderiam render. Negociadores ansiosos fecham negócios 12% piores do que a média;[23] portanto, é bem provável que estejam extraindo muitas concessões de você, já que a ansiedade pode passar a impressão de que desejamos muito o acordo ou que dependemos dele, o que em geral torna os interlocutores mais ambiciosos ou menos propensos a ceder.

O medo de perder o negócio pode prejudicar nossa atuação e se tornar um obstáculo para que o acordo se concretize. Por já terem projetado a comissão e o que fariam com ela, vejo muitos vendedores ansiosos para concretizar um negócio. Quando surge algum obstáculo no processo de venda (o que é normal), eles se desesperam, demonstram nervosismo e acabam fechando acordos piores. O que eu gostava de reforçar com minha equipe quando percebia ansiedade em relação a perderem um negócio era: não tem como perder o que não temos. Um novo negócio nunca foi nosso, mesmo que seja uma renovação contratual ou permanência do cliente. Era apenas uma projeção. Estamos sempre construindo um acordo, mesmo que ele pareça fechado. Por mais sutil que pareça, esse exercício pode minimizar nossa aversão à perda.

Outro ponto que tento salientar para equipes de vendas é que, quando não há expectativa, não há frustração. É preciso ser esperançoso, mas ao mesmo tempo cético em relação à possibilidade de fechar o negócio, até que ele esteja 100% concretizado. Se você mantém suas expectativas baixas em relação à possibilidade de fechamento, mas altas em relação à qualidade do acordo, você seguirá caminhando em direção à conclusão, mas com um distanciamento emocional saudável.

Em muitos casos, é impossível se distanciar emocionalmente da situação. Há negociações que representam questões de vida ou morte: uma discussão com o plano de saúde sobre a internação de um parente em emergência, um acordo com um fornecedor vital para sua empresa, uma transação num momento de crise. Nesses casos, as emoções estão presentes de forma intensa e podem prejudicar sua atuação, visto que a ansiedade diminui a autoconfiança e reduz a capacidade analítica.[24] Em vez de focar na tarefa em si, desperdiçamos energia ruminando ou nos preocupando. O que fazer, então? Uma boa estratégia é usar uma terceira pessoa como representante ou apoio nessas negociações. Pode ser um advogado, um funcionário ou um colega. A questão aqui não é avaliar quem seria mais habilidoso para negociar, mas quem conseguirá administrar melhor as emoções para conduzir a negociação de forma produtiva.

Uma vantagem do autoconhecimento é que, ao refletir sobre nossas emoções e categorizá-las, abrimos espaço para *recategorizá-las*. Ao projetar como uma emoção poderia impactar nosso comportamento em uma situação potencialmente estressante, como uma conversa difícil com o chefe, uma discussão com um amigo, uma apresentação em público ou uma negociação difícil, é possível agir antes ou mesmo durante a interação, canalizando essa emoção de maneira positiva. A tática de *recategorizar*[25] é uma forma de mudança cognitiva que envolve reconstruir uma situação emocionalmente carregada, mudando seu impacto emocional. A professora Alison Wood Brooks da Harvard Business School conduziu estudos que envolviam atividades como falar em público, cantar em karaokê e realizar testes de matemática para testar a estratégia de estimular que os participantes recategorizassem a ansiedade como entusiasmo (*excitement*). Para comparar os efeitos que a recategorização teria no estado emocional e na performance dos participantes, pediram que, antes de realizarem atividades como cantar na frente de estranhos ou falar em público, expressassem mensagens (internas ou em voz alta) como *estou entusiasmado* ou *estou ansioso* ou *fique calmo*. As instruções sobre quem deveria usar cada mensagem foram aleatórias. Os indivíduos que foram instruídos a expressar entusiasmo antes de executar uma tarefa estressante, mesmo que não se sentissem entusiasmados previamente, demonstraram menos sinais de nervosismo e obtiveram melhor desempenho na tarefa. O estudo identificou que categorizar a atividade como uma *oportunidade* e não como uma *ameaça* trazia benefícios significativos.

No início da minha carreira, antes de uma apresentação em público, ouvi de um gestor que "toda apresentação é uma oportunidade". Naturalmente ela vem acompanhada de nervosismo e ansiedade, dependendo da audiência e de sua importância, mas é uma ótima oportunidade de demonstração de conhecimento sobre o tema, de obter reconhecimento por suas habilidades, de mudar comportamentos e promover ação. Desde então, quando envolve temas que domino, nunca fujo da oportunidade de me apresentar. Sempre que me vejo ansioso ou nervoso antes de uma apresentação, repito para mim mesmo: "essa é uma grande oportunidade. Vamos agradecer por ela ter surgido e aproveitá-la". No documentário *Playbook*, da Netflix, o vitorioso técnico americano de basquete Doc Rivers colocou como uma de suas regras: "A pressão é um privilégio. Você pode jogar a vida toda e nunca vivenciar uma situação de pressão, com estádio lotado. Quem quer isso? Você deveria se sentir privilegiado por ter se esforçado e se colocado nessa situação. Aceite-a e aproveite".

Diversos autores[26] demonstraram que recategorizar emoções é mais eficaz do que suprimi-las. Ao suprimir uma emoção, o esforço que a pessoa faz para esconder o que está sentindo paradoxalmente aumenta a intensidade da sensação. Já ao recategorizar, a pessoa reduz tanto a experiência quanto a expressão da emoção. Para ser mais eficaz nessa recategorização, é preciso buscar *congruência*. Emoções se diferenciam[27] por sua valência (positiva-negativa) e estado de excitação gerado (alto-baixo). É mais difícil mudar ambos ao mesmo tempo — ou seja, o esforço para transformar ansiedade (negativa, alta excitação) em calma (positiva, baixa excitação) é dobrado. Já a transformação de ansiedade em entusiasmo (positivo, alta excitação) é mais fácil, já que ambas são *emoções congruentes* em nível de excitação (alto), variando apenas em seu aspecto (positivo/negativo).

A última dica para lidar com a ansiedade, além de ficar confortável com o silêncio, recategorizar ou usar representantes para negociar em seu nome, é praticar. Como a ansiedade é gerada pelo desconforto em situações não familiares, é possível reduzir a sensação desconfortável com negociações simplesmente praticando. Use situações triviais do dia a dia como oportunidade de praticar negociações sem risco, seja ao pedir mais tempo para fazer o check-out em um hotel, apresentar uma nova forma de realizar uma tarefa no trabalho, expressar seu descontentamento com algo ou solicitar um desconto para pagamento à vista em uma loja. Nesse último caso, você pode fazer o exercício de encarar a negociação como uma simples pergunta: "Qual seria o desconto à vista? Qual benefício tem para pagamento em dinheiro?". Você vai se surpreender com a quantidade de benefícios disponíveis que podem ser gerados por simples perguntas, sem estresse. Isso também aumentará sua familiaridade com as sensações envolvidas em uma negociação, tornando-a uma atividade cada vez mais corriqueira.

Meça a temperatura emocional do ambiente

A chance de problemas momentâneos afetarem a forma como nos comportamos nas interações sociais é grande. Estar em meio a um processo de separação ou com um parente no hospital nos deixa mais suscetíveis a "sair do eixo" em uma discussão. Por mais que consideremos ser possível separar o que acontece da porta para fora, problemas externos impactam como nos comportamos em interações não relacionadas a eles. Tanto *emoções integrais* (aquelas que são despertadas na própria interação) quanto *emoções incidentais* (sentimentos não relacionados com o processo em si) exercem influência sobre nosso comportamento em uma negociação.

Você sabia que até detalhes corriqueiros, como o clima, são capazes de afetar o nosso julgamento? Pois é o que demonstra uma pesquisa[28] feita para medir o nível de satisfação com a vida. Algumas pessoas foram divididas em dois grupos: o primeiro respondeu ao questionário por telefone em um dia de sol, e o segundo foi entrevistado em um dia chuvoso. Apesar do clima no dia ter pouca relação com a satisfação na vida em geral, os participantes entrevistados no dia chuvoso se declararam consideravelmente menos satisfeitos do que o grupo do dia ensolarado. O estudo sugere que pessoas usam, de forma inconsciente, seu humor e estado momentâneo como base para vários tipos de julgamento, incluindo a avaliação de sua qualidade de vida e da atratividade das pessoas com as quais estão se relacionando.

No ambiente de trabalho, ao lidar com uma pessoa que chegou de uma reunião tensa, acabou de discutir com alguém ou simplesmente parece estar mais acelerada ou estressada do que o normal, é possível que a carga da situação anterior afete a interação com você. Quando não for possível adiar sua reunião para um momento mais tranquilo, uma boa forma de minimizar os impactos dessa emoção incidental é tentar se referir sutilmente ao possível fato gerador do estresse com perguntas gerais do tipo "Reunião tensa aquela, não?", "O dia está corrido, não é?" ou "Muita coisa acontecendo ao mesmo tempo, não é?". Estudos[29] indicam que quando a fonte original dessa emoção incidental é mencionada é menos provável que ela impacte a negociação. Inclusive, na pesquisa sobre satisfação com a vida mencionada acima, quando os pesquisadores perguntaram: "A propósito, como está o tempo por aí?", a diferença de avaliação entre participantes entrevistados nos climas chuvoso e ensolarado foi neutralizada. Ao pensarem ativamente sobre o clima, o impacto desse fator na correlação com a satisfação geral da vida foi eliminado.

A habilidade de monitorar sentimentos e emoções próprios e alheios é um dos pilares da inteligência emocional. Pessoas[30] emocionalmente inteligentes conseguem identificar melhor as emoções que ambos estão experimentando, entender como elas afetam seus pensamentos e usar esse conhecimento para alcançar melhores resultados. É importante não apenas estarmos atentos aos aspectos objetivos da conversa, mas também à carga emocional momentânea da situação. Ao tomar decisões,[31] nossos sentimentos são levados em conta, mesmo que inconscientemente.

Mudanças em expressões, tom de voz e no comportamento do interlocutor indicam que algum ponto sensível está impactando a interação. A percepção de que ele está falando mais alto ou mais baixo, ficou monossilábico, passou a evitar contato visual, não está prestando atenção ou ficou vermelho são sinais claros de que as emoções estão se manifestando. A partir desse momento, simplesmente ignorar esses sinais e seguir com a discussão racional é uma estratégia ruim, pois não se avança produtivamente em questões objetivas sem superar obstáculos emocionais.

Quando uma negociação está tensa ou não está fluindo, a temperatura pode estar quente ou fria demais. O ideal é que o clima esteja ameno, que as pessoas estejam dispostas a interagir sem utilizar a agressividade nem se deixar levar por ela. Nesse estado, os dois lados conseguem ser produtivos, expressando seus pontos e buscando soluções viáveis. É nos extremos — quente e frio — que as conversas travam em impasses difíceis de serem superados. Por isso, é fundamental saber reconhecer os sinais de um conflito quente ou frio e ter ferramentas para lidar com cada um.[32]

No extremo quente de um conflito, os ânimos se encontram acirrados. Um dos lados — ou ambos — pode levantar a voz ou até gritar, falar de um jeito provocador ou ofensivo, gesticular de maneira enfática e agressiva e agir de maneira intempestiva. Num quadro de pessoas com a cabeça quente, o risco é de o conflito explodir e acabar de vez com a negociação.

No extremo frio, as pessoas podem falar pouco ou quase nada, se retrair fisicamente, demonstrar pouca emoção e até parecerem inertes e, quando falarem, usar um tom passivo-agressivo. O que acontece nessas situações é a supressão das emoções entre um ou mais participantes, dando a impressão de indiferença e distância. Nesse clima, pode restar o não dito, já que o gelo não foi quebrado. O risco nessas conversas frias é não haver progresso por falta de confiança e boa vontade entre as partes.

Quando detectamos um clima quente ou frio demais, devemos dispender energia para esfriar ou aquecer as discussões até chegar a uma temperatura amena e ideal, em que o diálogo possa fluir numa direção produtiva e o clima tenso não domine o debate.

Para esfriar um conflito quente, você precisa, antes de tudo, manter a cabeça fria para não se deixar contagiar: duas pessoas zangadas fazem muito mais estrago do que uma. Algumas pessoas acham que ignorar, minimizar ou colocar panos quentes é uma estratégia eficaz para não elevar ainda mais a temperatura. Essa atitude, porém, só faz com que a interação fique mais desconfortável. Portanto, é preferível mencionar sua percepção em relação ao clima da interação, idealmente de forma neutra, focando nos resultados e não no caráter da pessoa. Por exemplo: "Entendi que essa opção não lhe pareceu interessante, mas tive a impressão de que isso o irritou. Pode me dizer por que se sentiu assim?". Às vezes, como no exemplo que vimos acima, a própria observação pode fazer o outro reconhecer e lidar melhor com suas emoções. Outra sugestão que gosto de dar é sugerir uma pausa para esfriar a cabeça e respirar: "Que tal tomarmos um cafezinho ou fazermos uma pausa e retomar a discussão em outro momento?".

Em ocasiões nas quais você prevê, por conta do seu preparo ou por experiência prévia, que a temperatura da conversa pode ficar alta, é recomendado preparar o terreno. Uma opção é abrir a negociação estabelecendo um tom de cordialidade e colocando algumas regras de boa conduta, o que sutilmente deixa todos responsáveis pela temperatura da conversa. Outra sugestão é convidar uma pessoa neutra para servir, direta ou indiretamente, como mediador e garantidor da produtividade do diálogo.

Para aquecer um ambiente frio, você pode promover o diálogo fazendo perguntas abertas e realmente ouvindo o que o interlocutor tem a dizer. Assim como no caso de conflitos quentes, pode ser interessante compartilhar suas percepções sobre o clima emocional da conversa, sempre com tato e sutileza. Às vezes, o clima frio deve-se à confiança. Se for esse o caso, convém dar o primeiro passo para gerar confiança e proximidade, seja através de sua atitude positiva ou do compartilhamento ativo de informações. No entanto, há momentos em que o clima frio mascara emoções intensas. Como diz Mark Gerzon, mediador e autor da Harvard Business Review, "conflitos costumam ser frios justamente porque há muitos sentimentos reprimidos. Então você precisa esquentá-los com destreza sem que a temperatura dispare de repente".[33]

Seja qual for a temperatura da negociação, só temos a ganhar cuidando das nossas próprias emoções, estando antenado às emoções dos demais participantes e lembrando, sempre, de manter o foco na busca inteligente e respeitosa por soluções mutuamente interessantes. Seja cordial, escute com interesse e se comunique com clareza.

Uma forma simples e eficaz de recobrar o controle das nossas reações quando estamos em uma explosão emocional é respirar fundo e contar até dez. Os níveis de adrenalina começam a baixar em aproximadamente seis segundos. Logo, esse conselho é popular porque funciona. Já a respiração profunda utilizando o diafragma potencializa esses efeitos — especialistas[34] afirmam que controlar a respiração é uma das melhores formas de relaxar imediatamente, sobretudo em momentos de tensão. Nesse processo, o oxigênio que havia sido canalizado para áreas prioritárias (como os braços e as pernas) para reação física é redirecionado para o neocórtex, responsável pelas funções cognitivas. Esse tempo a mais, acrescido da bem-vinda reoxigenação, nos dá uma chance para refletir sobre nosso estado alterado.

Muitas vezes, precisaremos de tempo para fazer essa reflexão. Em alguns casos, será mais difícil conseguir esse tempo, mas vale a pena tentar, pois muito pior é ter que lidar com as consequências de uma ofensa. Em reuniões presenciais, pode-se usar a desculpa de ir ao banheiro, beber uma água ou atender uma ligação. Caso não seja possível, é válido falar abertamente, com uma frase do tipo: "Acredito que já estamos discutindo essa questão faz tempo e seria mais produtivo retomarmos em um outro momento, com a cabeça mais fresca e tendo refletido mais profundamente sobre o que foi falado hoje".

Os seres humanos têm uma necessidade grande de gratificação imediata: quando se sentem ameaçados, são propensos a reagir instantaneamente. Essas reações podem oferecer alívio momentâneo, mas também prejudicar seus objetivos de longo prazo.

Você não precisa ser agressivo para demonstrar firmeza

Se expressões de raiva e agressividade na negociação tornam o processo imprevisível e empobrecem a discussão, por que é muito comum ver pessoas raivosas na negociação?

Quando pergunto a negociadores a razão de se expressarem de forma agressiva, geralmente respondem que a intenção é se mostrarem firmes em suas posições, transmitindo a mensagem de que não podem — ou não querem — ceder. Como demonstrei no início do livro, restringir-se a impor nossas demandas de forma rígida gera mais impasses do que bons acordos. Muitas vezes, nosso interlocutor simplesmente não conseguirá aceitar nossas posições por considerá-las incompatíveis com as dele. No entanto, com uma conversa mais profunda, podemos encontrar condições de satisfazer nossos reais interesses. Por trás de posições incompatíveis, pode haver interesses conciliáveis. Isso não significa dizer que devemos evitar conflitos a qualquer custo nem que precisamos abrir mão dos nossos interesses, apenas que podemos buscar outras formas de alcançá-los.

Muitos acreditam que a única alternativa à agressividade é a passividade, que significa aceitar as vontades e demandas alheias para agradar ou evitar confrontos. Mas pessoas passivas são incapazes de dizer não por medo de estremecer a relação, por falta de autoconfiança ou porque simplesmente não têm força para se colocar perante o outro. Como, então, se comportar na negociação?

A resposta é buscar ser assertivo, não agressivo. Assertividade significa apresentar nossa visão, nossos interesses, nossas necessidades e nossas restrições de forma clara, direta, confiante e respeitosa. É uma ação firme, direta, positiva, e, quando necessário, persistente de promover a igualdade em relações interpessoais. Quando somos assertivos, conseguimos agir em interesse próprio e exercer nossos direitos sem negar os direitos dos outros.[35] A assertividade nos permite transmitir a importância dos nossos interesses e nossa disposição em alcançá-los sem os efeitos colaterais da agressividade. A assertividade gera reflexão no interlocutor, ao passo que a agressividade gera reação ou desejo de retaliação.

Um exemplo de postura agressiva é usar ameaças para fazer valer suas posições. Uma ameaça representa *o que você faria com seu interlocutor* caso ele não aceite o que você propôs. É uma promessa negativa. Em contrapartida, um aviso ou advertência sinaliza, de forma assertiva ou sutil, *o que poderia acontecer* caso vocês não cheguem a um acordo. A advertência é objetiva, respeitosa e coloca a questão na mesa para que o outro reflita sobre as potenciais consequências negativas e, a partir isso, decida o que fazer. Segundo William Ury, a vantagem de usar uma advertência é que as consequências negativas são apresentadas ao interlocutor como se fossem um resultado da situação em si e não como um sinal de afronta pessoal. Isso facilita que ele recue ou se ajuste sem o risco de ter seu ego atacado.[36]

Para um funcionário do departamento de cobrança de uma empresa, abordando um cliente inadimplente, uma ameaça seria: "Se você não pagar sua dívida até amanhã, negativarei seu nome no Serasa". Uma advertência assertiva seria: "Caso seu pagamento não ocorra, ficarei sem argumentos para impedir que seu nome seja negativado". Mesmo que a diferença pareça ser sutil e meramente semântica, ameaças e avisos têm efeitos muito distintos na negociação. Estudos[37] indicam que negociadores que fazem uso de ameaças são percebidos de forma negativa pelos interlocutores e alcançam menos acordos integrativos. Ao se sentirem encurralados ou ofendidos, negociadores tendem a agir de maneira irracional. Por outro lado, comunicação assertiva (não ofensiva) e autoconfiança genuína transmitem um recado poderoso sem despertar raiva no interlocutor. A percepção de que você tem alternativas fortes e desprendimento em relação à negociação — por não depender dela — é mais poderosa do que o uso da agressividade e ameaças.

Alguns aspectos contribuem para uma comunicação assertiva bem-sucedida. O primeiro é a autoconfiança. Enquanto a agressividade ignora os interesses e os direitos dos outros e a passividade demonstra falta de orgulho próprio e renúncia aos próprios interesses, negociadores assertivos partem do princípio de que seus interesses são legítimos, que eles podem e devem tentar satisfazê-los. Uma boa forma de desenvolver a autoconfiança para as negociações é se preparar para elas. Outro ponto que potencializa os efeitos da assertividade é ter empatia cognitiva, ou seja, a capacidade de entender o ponto de vista do outro. Por mais contraintuitivo que pareça, o caminho para satisfazer suas necessidades passa por entender os interesses, as visões e as restrições de seus interlocutores. Isso lhe dará insumos para que consiga demonstrar de forma clara soluções que atendam aos seus interesses e que ao mesmo tempo sejam aceitáveis para seu interlocutor.

Como ensina o professor Deepak Malhotra: seja qual for o contexto da negociação, ela envolve interações humanas que serão mais produtivas se conseguirmos despertar o que há de melhor no outro ser humano.[38] Portanto, estaremos bem servidos se conseguirmos equilibrar assertividade e empatia, autoconfiança e humildade — esta última necessária para aprender e se adaptar — e o desejo de influenciar com o interesse genuíno em entender o outro.

Entendendo as emoções

Emoções emergem em relações sociais de interdependência e poder[39] e vão se intensificando, transformando ou dissipando conforme os envolvidos avançam na direção de seus objetivos. Ou seja, interações diárias em empresas são clássicos exemplos de locais propícios para que elas surjam. Para lidar produtivamente com nossas emoções e com as dos outros, é preciso aprender a reconhecer as emoções mais comumente vivenciadas.

Nesse sentido, Dalai Lama imaginou um "mapa das emoções humanas, para desenvolver uma mente calma" e convidou o renomado cientista Dr. Paul Ekman, seu amigo, para realizar a ideia de identificar e catalogar emoções. Após cinco décadas de estudos psicológicos pelo mundo, com o apoio de sua filha Eve Ekman, eles lançaram o *Atlas das emoções*[40], descrevendo as características e efeitos das cinco emoções humanas comuns a todas as pessoas, independentemente de nacionalidade, religião, raça, idade, gênero ou outras diferenças culturais ou biológicas. São elas: alegria, raiva, medo, tristeza e desgosto. Considerando que o primeiro passo para a consciência emocional é aprender a identificar e descrever *como* nos sentimos e *por que*, o *Atlas das emoções* é uma ferramenta para construir um vocabulário das emoções, nos permitindo obter maior controle sobre seus gatilhos geradores e nossa resposta a eles.

Vale lembrar que as cinco emoções universais listadas se desmembram em um espectro de outras dezenas de emoções, variando em intensidade, como:

1. **Alegria**: compaixão, diversão, alívio, paz, orgulho, encanto, excitação, êxtase.
2. **Raiva**: irritação, frustração, sentimento de vingança, rancor, fúria, exasperação.
3. **Medo**: inquietude, nervosismo, ansiedade, temor, desespero, pânico, horror.
4. **Tristeza**: desapontamento, consternação, desânimo, resignação, impotência, desesperança, pesar, angústia.
5. **Desgosto**: descontentamento, aversão, desagrado, repugnância, aborrecimento, asco, abominação.

Na vida real, é comum experimentarmos mais de uma emoção simultaneamente e variarmos entre elas em curtos espaços de tempo. A experiência[41] da emoção pode se manifestar no corpo, fisicamente ou psicofisiologicamente, com baixa ou alta intensidade. A raiva, por exemplo, pode nos levar a discutir, agredir, insultar, gritar ou ser passivo-agressivo. A raiva com alta intensidade pode fazer a pessoa ficar muito vermelha, com as veias saltando. O medo pode nos fazer fugir, congelar, titubear ou evitar a discussão; o medo extremo leva à tremedeira e até à perda de controle dos esfíncteres. O desgosto nos leva a buscar distância, evitar o outro ou desumanizar, um processo psicológico que demoniza o inimigo, fazendo com que pareçam menos merecedores de respeito e tratamento humano. A tristeza pode fazer a pessoa se lamentar, sentir vergonha, buscar consolo ou protestar. Já a alegria pode levar a pessoa a se contentar com algo, querer mais, saborear (a vitória), criar relações ou até apreciar a desgraça alheia.

A identificação dessa variedade de emoções em outras pessoas é uma tarefa dificílima. Durante uma negociação, você e seu interlocutor podem expressar diversas emoções, tornando-se quase impossível acertar quais emoções estão sendo vivenciadas. E isso ainda é agravado pelo fato de sermos péssimos detetives em relação às intenções e sentimentos dos outros. Pesquisas[42] indicam que nossa precisão empática,[43] ou seja, a capacidade de inferir quais seriam os pensamentos e sentimentos dos outros, é baixíssima. Nas interações entre estranhos, somente 20-25% dos envolvidos conseguem identificar as emoções do interlocutor. Mesmo nos casos de pessoas casadas, essa taxa fica em 50%-60%. Outro agravante é que, na dúvida, nossa tendência é de presumir o pior das intenções dos outros e o melhor das nossas.

Cada indivíduo tem necessidades e interesses distintos, e os fatores que o deixarão feliz ou triste também diferem de pessoa a pessoa. Um simples episódio com meu enteado ilustrou isso de forma bastante clara. Estávamos caminhando na rua enquanto ele, então com cinco anos, brincava com uma bolinha pula-pula, daquelas que se compra em qualquer banca de jornal. Ele jogou com força a bola, que quicou e se perdeu em um bueiro. Continuei andando, mas percebi sua expressão de tristeza, os olhos cheios d'água. Então perguntei o que tinha acontecido. Ele respondeu que estava muito triste por ter perdido a bola. Eu disse: "Deixe de besteira. Não foi nada. Essa bola não é nada demais. *Não tem por que* você ficar triste com isso!". Ele parou, pensou e respondeu: "Mas eu fiquei triste". Julgamos as emoções alheias pela nossa própria perspectiva, mas não temos ideia do que se passa na cabeça dos outros.

QUINTO PILAR: EMOÇÕES

Com relação às negociações, ter que se preocupar em conduzi-las, propor soluções, analisar opções, perceber e categorizar as emoções — tudo ao mesmo tempo e no calor do momento — é humanamente impossível. Fatalmente algo acabará sendo priorizado: se focarmos apenas nas questões objetivas, o lado emocional desnorteará a discussão. Se nos concentrarmos apenas nas emoções, as questões objetivas não serão plenamente exploradas. Como, então, superar o desafio de coordenar produtivamente os aspectos objetivos e o lado emocional da negociação?

Identificando a origem das emoções

Uma solução prática é mudar o foco em relação às emoções em uma negociação. Em vez de tentar identificar as diversas emoções que os envolvidos (inclusive nós) estão vivenciando, é melhor canalizar a atenção para identificar as potenciais fontes dessas emoções, que são as *preocupações centrais humanas*. Elas representam o núcleo de necessidades humanas responsável pela absoluta maioria das emoções que emergem em uma negociação. Mesmo que não sejam expressas pelo indivíduo, elas são reais e geram impacto na postura e nas reações.

Certa vez, o mediador e professor de negociação Dan Shapiro foi convidado para mediar um conflito entre mãe e filha no programa de TV[44] *Caldeirão do Huck*. Esse conflito já durava alguns anos e consistia basicamente em um desentendimento sobre a atividade profissional que a filha havia escolhido. Após se formar em fisioterapia e trabalhar um pouco na área, a filha Kamilla decidiu seguir sua real vocação e começou a produzir doces por encomenda para vender em sua cidade no interior do Piauí, o que gerou enorme frustração na mãe, Maria, que tinha expectativa de que sua filha seguisse carreira na área em que se graduou. De tempos em tempos, o assunto vinha à tona, mas as diferentes visões em relação aos desejos de cada uma faziam com que a conversa terminasse em irritação, frustração, mágoa e afastamento por dias, sem resolver a questão.

Após ouvir a história através de Kamilla, o apresentador Luciano Huck pergunta: "Você hoje ganha mais dinheiro com doces do que com fisioterapia?". Ela responde que sim. Ele segue: "E hoje, com o dinheiro que você ganha nos brigadeiros, você ajuda em casa?". Ela diz: "Em tudo". Surpreso, ele questiona: "Então, onde está o conflito?". Ela diz: "O conflito é que minha mãe não aceita que eu faça brigadeiros porque ela quer que eu siga a profissão de fisioterapeuta, que é no que eu me formei".

Percebendo que por trás desse aparente impasse, certamente havia preocupações humanas não atendidas, Dan Shapiro começa a atuar na questão. Ele pede que Kamilla faça, por alguns instantes, o exercício de se colocar no lugar da mãe. A partir desse momento, ele faria perguntas para que ela respondesse como se fosse a mãe. Ele então pergunta: "Parece que você ama muito a sua filha, mas, ainda assim, parece que existe um lugar de tensão em relação à profissão dela. Eu queria saber por que você está tão chateada com ela. O que acontece?".

Kamilla então responde, como se fosse a própria mãe: "O que acontece é que eu fiz de tudo para formá-la, vendi meu carro e agora ela quer fazer doce. Me sacrifiquei muito, passamos muitas dificuldades para terminar assim. Esse não é o futuro que eu desejava para ela. Eu não consegui estudar e fiz de tudo para que ela pudesse estudar". Ao fazer o exercício de se colocar no lugar da mãe, ela foi percebendo e reconhecendo quanto sacrifício sua mãe fez para que ela pudesse estudar e, ao ouvir esse reconhecimento por parte de Kamilla, a mãe começa a se abrir e se tornar mais receptiva para a conversa sobre o futuro da filha.

Shapiro vai mediando a questão entre mãe e filha ao longo do programa, usando o conceito das cinco preocupações centrais, de sua autoria[45], como veremos a seguir. Nesse caso, as duas primeiras eram as mais patentes:

1. **Apreciação:** reconhecimento e valorização de pensamentos, sentimentos e ações.

Segundo Dan Shapiro, "no nível emocional, existe uma coisa que as pessoas querem acima de tudo: a valorização. Quero ter meus esforços reconhecidos e ser apreciado por minhas contribuições". No conflito acima mencionado, a filha queria que a mãe apreciasse e valorizasse seu trabalho. E a mãe queria que a filha reconhecesse que ela teve uma vida muito difícil, que lutou bastante para tentar dar uma vida melhor para as filhas e que conseguiu formar todas elas. Queria que a filha valorizasse sua experiência e seu conselho para que tivesse uma vida melhor.

Normalmente, queremos sentir que nossos atos, sentimentos e pontos de vista são reconhecidos ou pelo menos considerados. Ao perceber apreciação genuína, a tendência é que fiquemos mais abertos a colaborar. Para expressar nosso apreço pela outra pessoa, é importante compreender o ponto de vista alheio, mesmo que não concorde com ele, e comunicar sua compreensão ativamente por meio de palavras ou ações.

2. **Autonomia:** ter respeitada sua liberdade para tomar decisões e fazer escolhas.

Segundo Shapiro, outro conceito que é tão poderoso na vida quanto na gestão de conflitos é o da autonomia: ter liberdade para tomar decisões sem que alguém fale o que preciso fazer. No exemplo, o conflito não era sobre confeitaria versus fisioterapia, mas sim uma questão de autonomia. Ele disse o seguinte para a mãe e a filha: "Meu conselho é: peçam conselho! Mãe, como você acha que podemos resolver esse conflito? Filha, como posso te apoiar para resolver esse problema?".

Todos desejamos ter um determinado nível de autonomia para fazer nossas escolhas. Ao sentirmos que uma decisão está sendo imposta sobre nós, a tendência é que aflorem emoções negativas. Muitas vezes até concordaríamos com uma decisão, mas o fato de não termos sido consultados (ou não termos espaço para opinar e decidir) pode gerar resistência e frustração.

No exemplo desse conflito, quanto mais os pontos de vista de cada uma foram sendo reconhecidos como válidos, ambas foram satisfazendo suas necessidades de *apreciação* (a filha pelo trabalho exercido e a mãe pelo reconhecimento do esforço para dar uma educação de qualidade à filha) e, com essa *preocupação central* atendida, a mãe devolveu a autonomia à filha, dizendo: "Minha filha é muito boa. Está resolvido o problema: eu quero o que ela quer".

3. **Afiliação/associação:** desejo de pertencimento (de ser tratado como parte de um grupo).

Em geral, quando se veem diante de uma negociação, as pessoas tendem a priorizar a discussão de suas divergências. Tratar seu interlocutor como adversário pode minar as possibilidades de cooperação. Por outro lado, a busca por uma conexão pessoal pode reduzir a distância entre as partes e gerar discussões produtivas.

Nesse conflito, apesar de serem mãe e filha, ambas começaram como integrantes de "grupos opostos" — uma se colocou como alguém que se preocupa com a estabilidade no futuro e outra foi caracterizada como aventureira, que só queria seguir seu sonho sem medir as consequências. Ao longo da conversa, foram surgindo similaridades: ficou claro que ambas se preocupavam com o futuro da família (mesmo que por caminhos diferentes) e que tinham enorme admiração mútua. Essas similaridades geraram afiliação/associação para transformar o conflito de *uma* x *outra* para as *duas juntas* x *o problema a ser resolvido*.

Nas negociações, para gerar mais proximidade e conexão, é possível escolher meios de comunicação com maior riqueza de sinais, como o presencial ou videoconferência (principalmente em reuniões iniciais), e dar mais atenção a uma conversa "quebra-gelo" antes de entrar nos méritos daquilo que será negociado.

Nas empresas, é visível a falta de afiliação em conflitos geracionais, quando são feitas generalizações sobre a postura de determinados profissionais em relação à sua idade, por serem pertencentes às gerações X, Y ou Z. Isso pode gerar afastamento ou criação de subgrupos, em que pessoas de outras faixas etárias são excluídas — mesmo que inconscientemente. Categorizar os colegas como "nós" e "eles" só reforça essa divisão. O sentimento de ser excluído do grupo pode gerar frustração, antagonismo ou desejo de retaliação.

4. **Status:** desejo de ser reconhecido por sua posição, experiência ou cargo.

As pessoas gostam de ser reconhecidas como dignas de atenção e de elogios com base em sua formação, histórico, conquistas. O status faz com que nossa autoestima seja elevada.

Ao longo da negociação, é comum que os interlocutores sinalizem — expressamente ou não — a forma como percebem o próprio status social ou como desejam ser tratadas. Em uma reunião por videoconferência que eu e um colega de trabalho fizemos com duas representantes de uma empresa (potencial cliente), percebi que uma das participantes tentava sinalizar que tinha elevada posição na empresa, usando expressões como *"minha* equipe", "os desafios da *minha* área", além de mencionar seus anos de experiência no segmento. Em determinado momento, na tentativa infeliz de criar aproximação, meu colega falou: "*meninas*, acho que poderíamos seguir dessa forma...". Ao ouvir o termo *"meninas"*, tive a nítida sensação de que ele poderia ser encarado como uma desconsideração ao status que ela estava tentando expressar. E foi o que realmente aconteceu: seu tom mudou e acabamos não fazendo negócio.

Ninguém gosta de se sentir diminuído. Quando se sentem rebaixadas, a tendência é que as pessoas fiquem ressentidas e menos cooperativas. Você não precisa bajular alguém, mas demonstrar cortesia e não diminuir o status dos outros certamente evita que barreiras desnecessárias sejam criadas na interação.

5. **Papel/Função:** desejo de exercer funções relevantes e úteis, com um propósito definido e fazer parte de algo maior.

No nosso dia a dia, exercemos diversos papéis, tanto em casa quanto no trabalho. Um chefe pode ser implacável nos negócios e ao mesmo tempo ser um atencioso ouvinte para um colega que passa por problemas pessoais, além de ser acolhedor ou mentor com um funcionário que errou. Em casa, é possível ser um pai amoroso e brincalhão, mas ser rígido na educação dos filhos. Desejamos ser relevantes em cada um desses papéis, além de esperar que eles tenham um propósito claro e que possuam significado pessoal.

Certa vez, minha esposa chegou desanimada do trabalho, dizendo que teve um dia difícil. Quando estávamos jantando, ela começou a me contar os problemas e eu, na tentativa de acalmá-la, disse: "Fique tranquila, não é nada demais". Ela seguiu, contando o que aconteceu, e eu comecei a tentar ajudá-la a resolver os problemas, dizendo: "Nesse caso você poderia ter feito isso... aqui você pode fazer tal coisa... se você for por esse caminho, vai conseguir resolver isso...". Mas tudo que eu dizia só aumentava sua frustração. Demorei a perceber que ela não queria que eu amenizasse seus problemas ou apresentasse soluções prontas. Ela só queria que eu exercesse um papel de ouvinte e reconhecesse que seus problemas eram relevantes.

Em resumo, as preocupações centrais são necessidades humanas presentes em praticamente todas as negociações, em maior ou menor grau. Em vez de lidar com as dezenas de emoções que surgem em uma negociação, é mais factível atentar para as *preocupações centrais*, seja reconhecendo-as antecipadamente para estimular emoções positivas ou como um guia para identificar pontos que precisam ser atendidos para administrar a carga emocional da interação.

A administração produtiva das emoções (suas e dos outros envolvidos) é essencial para canalizar sua energia para atingir seus interesses — e não atingir a outra pessoa.

Lidando com pessoas difíceis

Em meus treinamentos de negociação, ouço com muita frequência as pessoas dizerem frases como "esses conceitos e estratégias funcionam com negociadores racionais, mas com o meu gestor/cliente/marido/fornecedor/síndico é diferente. Ele é irracional". Somos rápidos em rotular os outros como difíceis, irracionais ou insensíveis. Sem perceber, acabamos usando esses rótulos como justificativa para nem tentar estabelecer um diálogo produtivo. É fato que esse trabalho será mais árduo com algumas pessoas, mas, na absoluta maioria das vezes, o que você está classificando como irracionalidade são interesses, necessidades e restrições que não conseguimos identificar claramente — ou obstáculos emocionais como questões de ego/imagem. Rotular a pessoa pode fazer você se sentir bem e amenizar a frustração por não conseguir convencê-la de algo, mas não contribuirá em nada para resolver o problema original.

Existem fatores que fazem as pessoas se tornarem mais resistentes, agirem irracionalmente e muitas vezes de forma aparentemente contrária aos próprios interesses. A melhor maneira de contornar esses obstáculos é entender o que pode estar causando esse comportamento. Com pessoas difíceis, as habilidades de negociação não apenas são úteis, mas indispensáveis.

Identificando causas de ações irracionais

A causa mais comum de ações aparentemente irracionais é o desejo de preservação da imagem. Quanto mais se anuncia que *nunca faria algo* ou que *certamente obterá o que deseja*, mais difícil será aceitar algo diferente do previsto, mesmo que isso se demonstre vantajoso ao longo da negociação. Pense, por exemplo, em um marido se queixando com a esposa de que ela está "muito mole" em uma negociação com um hotel em relação à remarcação de uma hospedagem e diz algo como "você não sabe negociar, deixa que eu resolvo isso". Mesmo que ele venha a perceber, após interagir com o hotel, que o acordo negociado pela esposa já era bom, ele dificilmente aceitará a mesma proposta caso o hotel não lhe ofereça um benefício adicional que ele possa anunciar como uma vitória. Retornar para a esposa sem ter melhorado em nada a negociação seria muito ruim para a imagem dele de "negociador habilidoso" e "solucionador de problemas". Quando precisam escolher entre uma proposta irrecusável e a preservação da imagem (ego/orgulho), provavelmente se escolhe a segunda opção. Por essa razão, ajude seu interlocutor a construir um discurso da vitória, algo que ele poderia vender como uma escolha inteligente e vencedora, sem prejudicar sua imagem junto a pessoas cujas opiniões ele valoriza.

Outro obstáculo pode ser o fato de a ideia não ter partido da pessoa em questão. Na mediação de um casal recém-separado, o principal problema era que a mãe não queria aceitar a mudança de escola do filho para uma que o pai insistia que era melhor, mais perto e com melhor preço por conta do desconto que ele havia negociado. Quanto mais ele insistia na aceitação de sua ideia, mais resistente ela ficava. Aos poucos, foi ficando claro que a mãe achava uma boa opção, mas sua resistência se devia ao fato de ela não ter participado da escolha desde o início. O pai escolheu sozinho, não a envolveu nas visitas e nem nas conversas com professores. Por mais curioso que seja, muitas vezes não queremos soluções prontas, queremos participar.

Em outros casos, necessidades ocultas podem estar impedindo o avanço da negociação. Na fusão entre dois escritórios de advocacia, o fundador de um dos escritórios estava resistente porque seu sobrenome ficaria em segundo lugar (NOGUEIRA & LINS Advogados Associados, por exemplo). Se sentia desprestigiado, mas não externava essa questão. Uma forma de lidar com esse impasse foi garantir mais visibilidade ao sobrenome Lins nas comunicações digitais e colocar Lins, a pessoa, como porta-voz oficial nas entrevistas para veículos de comunicação.

Muitos agem de maneira inflexível por não conhecer outra forma para conduzir negociações. Nesses casos, é importante ser assertivo e apresentar de forma clara suas alternativas externas, demonstrando que só fará negócio caso seja interessante para você também. Muitas vezes, exigências extremas de um negociador "durão" são baseadas em percepções falhas. É provável que ele siga insistindo em concessões inviáveis porque sua falta de assertividade fez com que ele acreditasse que você poderia ceder mais. A forma como os outros percebem o cenário, sua postura e disposição influenciam as decisões que tomam na mesa de negociação. Portanto, esteja atento para que suas expressões estejam condizentes com o que deseja sinalizar.

Ampliando a visão para superar impasses

Normalmente, permanecemos rígidos em nossas posições por acharmos ser essa a única forma de alcançar nossos objetivos ou de resistir às imposições alheias.

Uma forma de superar impasses em disputas por recursos escassos ou em questões com alta carga emocional é realizar *pagamentos emocio-*

nais. Os interesses e as necessidades buscados na negociação podem ser os mais diversos possíveis, não se restringindo a itens tangíveis. Muitas vezes tentamos resolver impasses fazendo concessões financeiras, mas, naquele caso, a pessoa só queria ser ouvida ou esperava um elogio, um pedido de desculpas ou um reconhecimento por sua contribuição. Mencionei que as questões objetivas podem ser mais fáceis de identificar. As subliminares podem ser uma necessidade muito íntima, que talvez nem a pessoa tenha elaborado bem o suficiente para compartilhar com você.

A melhor maneira de lidar com essas questões subliminares não é *anunciá-las*, mas *remediá-las*. Como no caso da fusão dos escritórios de advocacia, o sócio Nogueira percebeu que Lins tinha se sentido desprestigiado por seu nome ter ficado em segundo. Se ele falasse abertamente sobre isso, Lins provavelmente não reconheceria que se sentiu assim ou ficaria na defensiva. Em vez disso, Nogueira agiu e propôs outras maneiras de prestigiar seu sócio. A grande vantagem de usar pagamentos emocionais é que eles custam menos do que dinheiro e geram resultados mais duradouros.

Lidando com táticas extremas

É comum nos depararmos com negociadores que usam ameaças, blefes, táticas de barganha ou outras condutas impositivas para tentar obter vantagens. Fazem isso sem perceber que poderiam alcançar resultados melhores se trabalhassem para criar valor na negociação, buscando trocas inteligentes. Segundo a professora e pesquisadora Leigh Thompson,[46] numa análise de centenas de negociações — mesmo quando os interesses eram totalmente convergentes, ou seja, os negociadores não precisariam disputar um item porque suas escolhas eram distintas e ambos poderiam se satisfazer plenamente —, na metade das vezes as pessoas acabavam competindo cegamente, desperdiçando 20% do valor potencial conjunto da negociação. A visão míope desses negociadores acaba sendo um tiro no próprio pé.

O uso de táticas agressivas e de manipulação podem até provocar concessões em casos pontuais e específicos, mas com custo elevado e alto risco. Caso o interlocutor dependa do acordo, é até provável que ele ceda à pressão emocional e se sacrifique para garantir o negócio e se livrar do conflito. Mas emoções negativas também repelem: caso ele tenha boas alternativas externas e não dependa desse acordo, a tendência[47] é que expressões ameaçadoras e agressivas o afastem e façam com que ele evite seguir negociando com quem notadamente tenta manipulá-lo ou se aproveite de sua fragilidade momentânea.

Como já explorei ao longo do livro, um percentual mínimo das negociações é meramente distributiva, ou seja, não apresenta potencial de criação de valor. Se incluirmos alguma visão de longo prazo, seja na própria relação com a outra parte, seja em benefícios futuros que indicações e ganhos de reputação poderiam gerar, arriscaria dizer que a totalidade das negociações têm valor potencial a ser desenvolvido pela interação produtiva dos envolvidos. Por esse motivo, ao entrar numa negociação, não se pergunte *se*, mas *como* seria possível adicionar alguma variável que destravasse potenciais benefícios de geração de valor. Mesmo em questões meramente financeiras, a discussão sobre a forma de pagamento permite múltiplas possibilidades que podem viabilizar negócios aparentemente inviáveis.

Para conduzir um negociador cético, agressivo e manipulador rumo a um acordo mutuamente satisfatório, é preciso inteligência emocional e habilidade para lidar produtivamente com seus movimentos destrutivos. O primeiro passo é controlar nossa própria reação instintiva de contra-atacar, já que essa tendência natural acaba aumentando as chances de transformar a interação em um confronto infrutífero. Entrar no jogo do outro é apenas dar munição para que mantenha uma abordagem combativa. Para seguir lutando, ele precisa de um adversário, e você terá se colocado como tal. Uma tática útil para lidar com situações difíceis é, primeiro, obter algum grau de distanciamento para recuperar a calma e ampliar a visão no momento.

Dado esse primeiro passo, você estará mais apto a lidar ativamente com o seu interlocutor. É preciso fazer com que ele entenda duas questões principais:

1. Essas táticas não funcionarão com você.

2. Ele terá mais chances de resolver o problema dele se trabalhar *em conjunto* com você (e não *contra* você).

Como ensina o professor Michael Wheeler, "quando a outra pessoa está exigindo a lua, o sol e as estrelas, você tem que trazê-la de volta para a Terra".[48] Alguns aspectos são importantes para isso, como demonstrar que está bem preparado, ter clareza e tranquilidade em relação às suas alternativas externas, se comunicar assertivamente e mostrar percepção sobre as táticas que seu interlocutor está tentando usar com você.

A melhor forma de neutralizar uma tática é nomeá-la abertamente. Fica muito mais difícil para nosso interlocutor usar uma tática de manipulação se demonstrarmos percepção e entendimento sobre essa tentativa. Apesar de as pessoas normalmente pensarem em um interlocutor agressivo como alguém incansavelmente persistente em suas táticas, isso não reflete a realidade.[49] As pessoas têm limites definidos de até onde seriam agressivas e ficam desconfortáveis em ultrapassá-los. Por isso, ao perceber que a tática agressiva foi identificada, a tendência é que ela pare de usá-la em vez de escalar ainda mais essa agressividade.[50]

Por mais que o comportamento desse tipo de negociador pareça totalmente aleatório e imprevisível, algumas táticas tendem a se repetir. Quanto mais treinados e atentos estivermos, menos nos surpreenderemos ao nos depararmos com elas. Veja abaixo se reconhece alguma.

1. **O uso de ataques pessoais, ofensas, insultos, ironias ou agressividade para tentar desestabilizar**

Essa tática é usada quando o interlocutor tenta explorar sua insegurança, vulnerabilidade ou aversão ao conflito para começar a negociação em vantagem. É importante tentar quebrar essa dinâmica logo no início. Nesses casos, o tom que usamos na argumentação pode ser até mais importante do que o conteúdo. Há dois bons caminhos para quebrar uma dinâmica destrutiva inicial: assertividade ou humor. Um exemplo de comunicação assertiva em reposta a postura negativa seria: "Estou tentando adotar uma postura construtiva aqui e espero isso de você também". Já o humor pode ser algo como: "Vou sair da sala e entrar de novo para ver se começamos com o pé direito" ou "Acho que entrei na sala errada". Muitas pessoas menosprezam os efeitos transformacionais que um toque de humor no tempo e no tom certos pode trazer a uma interação.

2. Demandas extremas ou demonstração de inflexibilidade

Começar com uma proposta agressiva, dizendo que a oferta é inegociável. Após muita resistência, até aceita ceder minimante em algo, demandando uma concessão muito maior do seu lado. Negociadores que usam essa tática tentam se aproveitar da ansiedade ou da ingenuidade do interlocutor para demandar concessões sem dar algo em troca. É importante quebrar o ciclo destrutivo desde o início, evitando o cabo de guerra que ele propõe. Uma forma de fazer isso é ampliar a discussão e adicionar variáveis ao escopo de negociação. Se ele insistir em discutir apenas preço, reforce que esse é apenas um dos vários itens em discussão e que não faria sentido discutir esse item isoladamente, sem relacionar com outros aspectos que afetariam a viabilidade do acordo.

Negociadores rígidos e egoístas podem ser muito fechados, mas conseguem enxergar quando uma boa oportunidade está diante deles. Se conseguimos demonstrar claramente que geraremos valor para ele, mesmo que de formas que ele não previu inicialmente, as chances de obter um acordo crescem muito. O erro que muitos negociadores cometem ao lidar com esse perfil é tentar convencê-lo a ceder porque isso seria o justo ou porque deveria pensar no ganha-ganha, argumentos que certamente não sensibilizarão quem é totalmente autocentrado.

3. Alegação de falta de autoridade

Em muitos casos, seu interlocutor se esconde atrás de argumentos como "não tenho autoridade para tal" ou "estou de mãos amarradas". Nesses casos, é importante, desde cedo, entender como é o processo de tomada de decisão para não se surpreender com essa questão depois que já tiver cedido demais. Antes de avançar na negociação, tente obter acesso a quem possui autoridade para a tomada de decisão.

4. Blefes, mentiras ou exageros em informações ou previsões

Pessoas possuem diferentes visões de quais seriam os limites éticos dentro de uma negociação. Em geral, gostam de deixar questões vagas ou omitir informações. Registre, questione, peça comprovações e demonstre que está bem informado ou que tem como checar as informações.

5. O uso de critérios arbitrários ou justificativas evasivas

É comum negociadores adotarem uma postura inflexível para tentar fazer valer sua vontade, acirrando ainda mais a disputa e transformando-a em uma batalha de egos na qual ninguém quer ceder. Nesse cenário, negociadores intransigentes passam a defender suas vontades com justificativas rasas e genéricas ou repetindo que algo é "um valor justo". Uma saída para isso é propor critérios claros e objetivos para direcionar a discussão, como: valor de mercado, jurisprudência, histórico ou casos similares. Quando houver insistência com argumentos do tipo "tem que ser assim" ou "porque sim", estimule-o a refletir sob outras perspectivas e elaborar mais a questão, afirmando que você precisará de argumentos não só para se convencer, mas também para conseguir convencer outras pessoas.

6. Ultimatos

Muitas pessoas tentam pressioná-lo a aceitar uma oferta dizendo "Isso é o melhor que posso fazer. É pegar ou largar". Apostam que você acabará cedendo por não estar disposto a abandonar a mesa de negociação. Na prática, por mais que seu interlocutor queira passar a impressão de total intransigência, é importante considerar que quase 100% das propostas iniciais de uma negociação têm espaço para algum tipo de concessão ou de ajuste, por mais sutil que seja.

Quando nos deparamos com um ultimato, é comum agirmos de forma a piorar a situação, pois acabamos nos desviando do mérito da questão e fazendo com que o emissor do ultimato fique ainda mais preso a ele. Uma vez, em uma transação imobiliária, eu solicitei ao gerente jurídico da construtora alguns ajustes no contrato que ele me enviou. Sua resposta foi seca: "Nossa empresa não altera contrato. Sua decisão é assinar ou não". Refleti que, quanto mais eu ficasse discutindo essa questão genérica de que essa empresa faz ou não alterações contratuais, mais tentado ele ficaria a justificar de forma geral sua posição original e mais difícil ficaria para ele retroceder. Nesses casos, há duas formas eficazes de lidar com a questão. A primeira é simplesmente ignorar o ultimato, sem torná-lo o centro da questão, e seguir com sua argumentação.

Nessa situação, respondi: "Entendo que o contrato é uma maneira de formalizar um acordo e acredito que algumas cláusulas não expressam perfeitamente o que foi acertado. Enviarei minhas observações por e-mail para sua análise". Ele ainda tentou insistir: "Mas já falei que não alteraremos nada". Eu completei: "Dê uma olhada no conteúdo que eu enviar e a gente conversa mais especificamente sobre isso". Tentei direcionar a discussão para a questão específica de "o contrato refletir o que foi acordado" e não para uma posição arbitrária e genérica de "não mudar contratos".

Outra forma de lidar com o ultimato é suavizá-lo, transformando-o de uma *posição absoluta* em uma *limitação*. Poderia ter respondido: "Entendo que de forma geral vocês evitem alterações contratuais. Respeito a ideia do contrato padrão e evitei ao máximo alterar a estrutura do contrato, me atento a pequenos ajustes específicos que seriam necessários para expressar claramente o que foi acordado".

Ao tratar a rigidez do outro negociador como uma limitação, não como uma impossibilidade, abrimos espaço para que ele faça concessões minimamente necessárias para resolver o problema sem se sentir afrontado.

7. A tática policial bom/policial mau

Quando interlocutores estão em dupla, muitas vezes adotam papéis bem distintos na mesa de negociação: um mantém uma postura inflexível e agressiva enquanto o outro aparenta ser cooperativo. Quando o durão não estiver presente, o cooperativo pode se apresentar como um conselheiro, normalmente indicando concessões que você precisaria fazer para satisfazer o negociador durão e resolver o problema. Dizendo que ele até concorda com você, mas que vocês precisam buscar uma forma de agradar o outro, que é muito exigente e está sofrendo pressão. A melhor forma de lidar com a tática de dois interlocutores com posturas diametralmente opostas é argumentar com aquele que aparenta ser mais cooperativo. Você pode dizer que a dupla precisa se entender, pois representa o mesmo lado da negociação e precisam concordar entre si. Em vez de investir tempo fazendo com que você ceda às pressões do durão, é melhor que ele se concentre em tentar flexibilizar a posição rígida — muitas vezes irreal — do outro. Coloque-se à disposição para ajudar a trazê-lo de volta à realidade, seja com dados ou argumentos. Mesmo que inconscientemente, até os pais usam uma variação sutil dessa tática com os filhos. O pai, por exemplo, pode falar que até deixaria a filha sair e voltar mais tarde, mas que a mãe fica muito preocupada e não quer permitir. Com isso, ele se coloca como uma "parte neutra" para tentar mediar essa discussão e encontrar uma forma de acomodar os interesses da mãe e da filha, seja estabelecendo um horário para o retorno, seja combinando de ele mesmo ir buscá-la.

Evitando que as emoções prejudiquem nossa capacidade de tomar decisões

Acreditou-se durante muitos anos que o ser humano fazia escolhas puramente racionais, pesando prós e contras de forma objetiva antes de tomar suas decisões. Mas os campos da economia comportamental, da psicologia e da neurociência contribuíram bastante para aprofundar a análise sobre como as emoções impactam nossas decisões e interferem na negociação.

Estima-se que tomemos em média 35 mil decisões por dia.[51] Seria inviável pesarmos profundamente todos os aspectos dessas escolhas; assim, a maioria delas é feita de forma automática. Enquanto nossa mente consciente processa quarenta bits de informação por segundo, a mente inconsciente processa até 11 milhões de bits no mesmo tempo.[52] Usamos atalhos para facilitar essa tomada de decisão e poupar energia — o que nos ajuda na maior parte do tempo, mas, em muitos casos, também acarreta decisões ruins. Por essa razão, entender os atalhos e vieses que afetam nossos julgamentos é essencial para tomarmos decisões melhores, influenciarmos pessoas e percebermos quando somos influenciados.

O primeiro ponto a reconhecer é que a análise sobre nossas próprias capacidades e probabilidades de êxito tende a ser enviesada a nosso favor. Quando casais são questionados sobre o quanto contribuem para os afazeres domésticos, a soma das estimativas[53] de suas contribuições costuma superar bastante os 100%. Recém-casados estimam que a possibilidade de se divorciarem é irrelevante, mesmo quando apresentados à elevada média geral de divórcios.[54] A tendência — tanto a superestimar as chances de experimentar eventos positivos em nossas vidas quanto a subestimar as chances de que algo ruim aconteça — pode levar alguém a rejeitar a melhor oferta de emprego que seria capaz de receber, a negar uma excelente proposta por sua casa (que nunca será superada por outra) ou a ingressar na justiça quando outros caminhos seriam mais rápidos, baratos e seguros para resolver um problema. Apesar de muitos se considerarem imunes, estima-se que essa tendência afete 80% das pessoas.[55]

Outro aspecto que contribui para a escalada emocional é nossa tendência de enviesar percepções e expectativas a nosso favor, o chamado *egocentrismo*.[56] Criamos uma interpretação do fato que nos favorece e depois buscamos razões para justificá-la, ignorando pontos contrários. Em uma pesquisa da revista *U.S News & World Report*, os entrevistados deveriam responder à pergunta: "Se alguém o processa e você ganha o caso, ele deveria pagar as custas legais?". Oitenta e cinco por cento dos entrevistados disseram que sim. Quando colocada em outra perspectiva, as opiniões mudaram: "Se você processa alguém e perde o caso, você deveria pagar as custas?". Apenas 44% disseram que sim. Esse fenômeno é muito facilmente observado quando estamos de fora, mas é difícil perceber quando somos nós na situação.

Outro aspecto que com frequência impacta nossa tomada de decisão automática é o *senso de reciprocidade*, que é a disposição a retribuir ações que fizeram por nós, por menores que sejam. Um exemplo simples disso é quando você está em uma loja de roupas, já experimentou várias peças e se sente quase obrigado a comprar algo, mesmo que não tenha gostado de nada, para retribuir o tempo e a atenção de um vendedor dedicado. Criar um ambiente saudável de reciprocidade é positivo, mas muitos usam isso como estratégia para criar uma sensação de dívida e, assim, extrair compensações desproporcionais. Já visitei o principal bazar no Marrocos e presenciei a tática dos vendedores locais de convidar insistentemente os turistas a entrar na loja e tomar um chá. Eles transformam esse ato em um ritual de receptividade que torna quase uma ofensa você sair sem comprar nada, deixando de retribuir a hospitalidade.

Em muitos casos postergamos decisões se não houver um gatilho para agir. Em um treinamento que dei para a equipe comercial de uma incorporadora imobiliária, no início da pandemia da covid-19, o gerente comercial me disse que estavam fechando poucos negócios, pois os clientes não queriam se comprometer com a compra de imóveis. Eu, então, lhe perguntei: "Qual seria a diferença concreta nas condições comerciais se eles comprarem agora ou daqui a três meses?". Ele refletiu e disse: "Nenhuma". Ao que respondi: "Esse é o ponto. Se não há vantagem alguma em comprar agora e o cenário é de grande incerteza, eles aguardarão até que tenham mais segurança para tomar essa decisão. Se o adiamento dessa decisão gerasse algum impacto negativo, aí sim eles se sentiriam impelidos a fechar essa compra agora".

Um aspecto importante envolvido nessa questão é o *senso de escassez*. Caso o estoque de imóveis seja escasso, há risco de que, com o adiamento da decisão de compra, o apartamento escolhido não esteja mais disponível. A aversão à perda potencializa esse sentimento e gera propensão a garantir o imóvel.[57] Caso uma condição especial esteja disponível por tempo limitado, a dor de perder essa oportunidade e ter que adquirir o bem pelo preço original posteriormente também é um fator que pode acelerar a decisão.

Esse tipo de gatilho é muito usado nas vendas online. É comum ver em sites de reservas de hotel a mensagem *últimos dois quartos disponíveis*, ou uma contagem regressiva indicando em quanto tempo a oferta se encerrará. O objetivo é inibir a análise de prós e contras e usar o senso de escassez para ativar seu sentimento de aversão à perda. As pessoas se sentem mais impelidas a tomar uma decisão quando a inércia representaria uma perda.

Outra mensagem comum nesses sites é o de *há x pessoas olhando esse quarto agora* ou *pessoas com seu perfil escolheram x*, o que se relaciona à aprovação social.[58] Ao decidir como agir em uma determinada situação ou em quem acreditar, as pessoas costumam observar o que os outros estão fazendo. Se, por exemplo, um profissional for muito demandado, conclui-se que seu trabalho deve ser bom. Se tiver pouca demanda e muita disponibilidade, pressupõe-se que seja ruim. É a mesma lógica de pessoas que consideram que um restaurante com fila é melhor do que um que está vazio.[59]

Gatilhos mentais são mais poderosos quando são sutis e críveis. Um gatilho artificial que visa manipulação, quando identificado, perde completamente o efeito e gera repulsa da parte receptora. Como qualquer arma, a persuasão é uma ferramenta moralmente neutra. Uma faca pode ser usada por um médico para curar, por um chef para cozinhar ou por um assassino para matar. Na minha opinião, o limite da persuasão é quando você sabe que, se aceitarem o que você está propondo, os outros sofrerão danos ou não terão seus interesses atendidos. Tudo que é feito a partir desse ponto é manipulação. Mesmo que suas intenções sejam positivas ou neutras, é preciso analisar quais seriam as potenciais consequências de suas ações.

Lidando com conflitos no ambiente de trabalho

Não fomos feitos para resolver conflitos, nascemos avessos a eles. Nosso ancestrais pré-históricos precisavam se manter em grupos para sobreviver, logo, a manutenção dos relacionamentos sempre foi algo importantíssimo. Conflitos representavam risco de expulsão do grupo, e, consequentemente, de enfrentar solitariamente as inúmeras ameaças diárias a que estavam expostos. Nosso cérebro está constantemente mapeando ameaças à nossa segurança.[60] Atualmente, predadores não estão à espreita, mas ainda temos medo de perder nosso lugar nos grupos aos quais pertencemos e sermos expulsos da caverna.

No ambiente de trabalho, isso se manifesta claramente. Para não ameaçar a harmonia nos grupos, profissionais tendem a evitar discussões a qualquer custo e vão simplesmente varrendo os conflitos para baixo do tapete. Isso impacta diretamente a comunicação e a confiança entre os profissionais. Em sua pesquisa com mais de 8 mil gerentes em 250 organizações, o professor Donald Sull, da Sloan School of Management do MIT, descobriu que apenas 9% dos gestores indicaram sempre poder contar com colegas de outras áreas.[61] Isso gera retrabalho, atrasos de entrega, falhas com clientes e perda de oportunidades. A mesma pesquisa indicou que conflitos internos são mal resolvidos 64% das vezes (38% são solucionados com atrasos, 14% são resolvidos de forma ineficiente e 12% são simplesmente ignorados). Esses fatores são responsáveis por acarretar falhas na execução das prioridades estratégicas das empresas, segundo artigo publicado na Harvard Business Review.

Para lidar produtivamente com conflitos, é importante perceber em qual tipo estamos envolvidos e usar as táticas mais apropriadas para sua resolução. Apresentarei os três tipos de conflitos mais comuns em empresas e formas úteis de abordá-los.[62]

Conflito pessoal: representam embates ligados ao relacionamento, principalmente por diferenças de personalidade, perfil, postura em relação ao conflito e falta de afinidade. São muito comuns nas empresas, já que elas agrupam pessoas que não necessariamente se juntariam na vida fora do trabalho. São colocadas em convivência pela maior parte do tempo diário na expectativa de que produzam bons resultados atuando em conjunto. Nesse processo, as diferenças de perfil vão se tornando mais nítidas até que entram em rota de colisão.

Como resolver: a solução mais usual é buscar proximidade e pontos de similaridade, mesmo que esse processo seja desconfortável. Tentar quebrar a barreira, almoçando ou tomando um café com grupos e pessoas com as quais você não tem tanta proximidade pode fazer com que descubra pontos em comum e entenda um pouco mais sobre o ponto de vista do outro em relação aos problemas enfrentados pela organização. É muito provável descobrir que ambos desejam o melhor para a empresa, mesmo que por caminhos diferentes.

Ao endereçar alguma questão conflituosa que esteja em pauta, é importante ouvir atentamente o que essas pessoas têm a dizer (como explorado anteriormente sobre a tomada de perspectiva e escuta ativa), resistindo à tentação de interrompê-las para defender seu ponto de vista. Costumamos nos abrir para também ouvir quando nos sentimos ouvidos. Em última instância, caso nada disso funcione, o uso de uma parte neutra, como um gestor ou colega, pode resolver as diferenças, fazendo com que a comunicação se torne construtiva novamente.

Conflito funcional: ocorre quando existem embates sobre ideias e opiniões relacionadas à execução de tarefas e funções. São comuns em disputas sobre o uso mais adequado de recursos, diferenças de opinião e visão, entendimento e atuação em relação a políticas e procedimentos, interpretação de fatos e diferentes expectativas em relação à execução de tarefas.

Por mais que pareçam discussões pontuais sobre fatos específicos, normalmente escondem questões mais profundas, como rivalidades, problemas de relacionamento ou frustrações e mágoas passadas.

Como resolver: nesse tipo de conflito, o papel dos líderes é fundamental. Sua atuação pode contribuir para resolver ou intensificá-los. Líderes eficazes conseguem direcionar a discussão para a identificação dos reais interesses por trás de posições rígidas fazendo boas perguntas, orientando a interação para a construção conjunta de soluções para o real problema a ser resolvido.

Conflito de valores: causados por diferenças fundamentais em crenças e valores, como visões opostas em relação à política, religião, princípios éticos e padrões de comportamento. Por mais que se coloque esses temas como tabu, essas crenças se refletem nas decisões e ações dos profissionais.

Esse tipo de conflito costuma colocar os envolvidos na defensiva e gerar desconfiança, afastamento e discussões improdutivas, já que as partes são rápidas em afirmar que seus princípios são inegociáveis.

Como resolver: evite entrar no ciclo de vilanizar o outro por suas crenças ou tentar convertê-lo para as suas. O ideal é buscar diálogo para entender seu ponto de vista, sempre lembrando que é possível entender a visão de alguém sem necessariamente concordar com ela. Ao reconhecer o ponto de vista do outro, torna-se possível achar pontos de convergência que permitam a ambos aceitar soluções alternativas sem abrir mão de seus valores.

Ao analisar conflitos em empresas, pesquisadores concluíram que a ausência de conflito não é harmonia, é apatia.[63] Grupos com bom desempenho possuem certo conflito funcional desde o início de sua interação: ninguém hesita em expor perspectivas opostas, o que gera mais criatividade e escolhas mais inteligentes. Por outro lado, grupos com desempenho ruim apresentam mais conflitos pessoais do que funcionais. Ficam tão preocupados com suas rixas particulares que não se sentem à vontade para desafiar ideias e propostas. Muitas equipes levam meses para conseguir amenizar problemas de relacionamento, mas quando finalmente começam a discutir questões produtivas e decisões fundamentais, já é tarde demais para repensar seu rumo e alcançar o sucesso.[64]

Construa pontes, não muros

A tendência natural de uma negociação é que ela termine em impasse. Como ela nasce de um aparente conflito de vontades, uma condução inábil tende a mantê-lo ou agravá-lo. O caminho para destruir uma negociação e transformá-la em um conflito improdutivo com elevada carga emocional pode ser muito curto e em geral segue o mesmo roteiro: uma pessoa insiste em impor suas demandas; a outra diz que não pode ceder. Cada uma passa a repetir firmemente suas vontades, de forma inflexível; as emoções controlam o ambiente, cada uma vai para o seu lado com a convicção de que um acordo seria inviável e de que tentaram todo o possível.

Construir um muro entre você e seu "adversário" é muito fácil. Uma conversa tensa já segue esse fluxo normalmente, pela natureza aparentemente divergente da discussão. O que se espera de bons negociadores é que — mesmo diante de todas as adversidades — tentem construir pontes, não muros. Para alcançar sucesso nas negociações, é preciso ter habilidade para criar soluções mutuamente satisfatórias e romper o status quo, que muitas vezes exige que controlemos nossas reações instintivas.

Mas o que fazer se o seu interlocutor começar a negociação de forma agressiva, se ele for irracional, adotar uma postura destrutiva e não quiser escutar? Muitos acreditam que a escolha sobre a melhor postura a ser adotada está entre dois extremos: ser inflexível, agressivo e reativo ou ser legal e aberto a aceitar qualquer coisa na mesa de negociação. Porém, isso está longe de ser verdade. Uma ótima opção é adotar uma postura *incondicionalmente construtiva*[65], ou seja, agir de forma que atenda aos nossos objetivos e ao mesmo tempo promova um relacionamento minimamente saudável. Mesmo que não haja a intenção de manter um relacionamento futuro com seu interlocutor, é preciso que a relação seja positiva o suficiente para permitir que o acordo seja consumado e cumprido. Precisamos adotar uma postura que seja ao mesmo tempo boa para o relacionamento e útil para nós mesmos, quer o outro adote a mesma postura, quer não.

Um exercício que faço constantemente para avaliar se a carga emocional da negociação está me afastando de bons acordos é analisar a questão de maneira bastante objetiva. Imagino que estivesse me reportando a um robô para ver se, ainda assim, minha decisão faria sentido, pois fora do contexto emocional pode ficar mais claro que as emoções estão nublando minha capacidade de decisão.

Recentemente passei por uma situação em que esse exercício foi útil. Eu e minha esposa estávamos negociando a compra do apartamento dos nossos sonhos. Acertamos as condições, mas, quando recebemos o contrato para assinar, identificamos cláusulas com as quais não concordávamos. Enviamos um e-mail com nossas observações e, na manhã seguinte, o gerente comercial nos ligou, minimizando nossos apontamentos e nos pressionando a assinar. O tom que ele usou na ligação foi desagradável: passou arrogância, egoísmo e beirou o desrespeito. Ao ouvir o gerente, minha esposa ficou irritada. Naquele momento, sua felicidade com a compra do tão desejado apartamento se dissipou e ela me disse: "Quer saber? Não vamos mais fazer negócio. Deixa eles com essa inflexibilidade e vamos seguir a vida. Não vão ver a cor do nosso dinheiro". Tentei, em vão, lembrá-la de que momentos antes estávamos convencidos de que esse apartamento era, disparado, a melhor opção que vimos e que nos atendia completamente, mas ela estava decidida a dar uma lição no gerente.

Eu usei o exercício para gerar reflexão: "Queremos comprar um apartamento no qual pretendemos morar pela próxima década. Ele tem todos os elementos de que precisamos e é a melhor opção que encontramos em nossa busca extensa. Já fechamos todas as condições e estamos discutindo detalhes no contrato com um gerente que, após essa etapa, provavelmente nunca mais encontraremos na vida. Não gostamos do tom que ele usou e achamos que é mais importante dar uma lição nele do que morar por anos no local que nos deixaria imensamente satisfeitos. É isso?".

Só de expressar a situação em voz alta, de forma extremamente objetiva, ficou claro o quanto estávamos nos desviando do nosso objetivo. Passamos a tentar entender qual seria a possível razão da postura do gerente. Lembramos que era dia 31 e que ele provavelmente tinha uma meta para bater e deveria estar contando com essa assinatura. Por dar o negócio como certo, ficou surpreso, frustrado e desesperado com essa potencial perda e, de forma equivocada, descontou em nós. Isso explicaria a situação, mas não justificava o tratamento que nos deu. Pensando objetivamente: qual é o impacto dessa interação com ele, no longo prazo? Qual relação precisaremos ter com ele no futuro? Nenhuma. Concluímos que seguiríamos tratando-o de forma respeitosa, mas seríamos bem assertivos para defender nossos interesses. Comuniquei-lhe que estava disposto a assinar o contrato com velocidade, mas que havia três pontos importantes com os quais não estávamos confortáveis, em um contrato que impactaria os próximos vinte anos de nossas vidas e que tinha potencial para nos quebrar financeiramente. Ele respondeu que entendia completamente, mas que não faziam alterações contratuais. Eu disse: "Eu não pedi alteração, pedi explicação. Uma discussão sobre eventual alteração seria uma consequência disso, caso seja necessário". Ele respondeu que repassaria nossas observações. Ao final, o próprio departamento jurídico percebeu que duas cláusulas estavam mal redigidas e resolveu a terceira com um simples ajuste.

Ao lidar com um comportamento ruim, uma das ferramentas mais poderosas é cuidar para que você nunca se torne o problema.[66] Se uma pessoa o chama de idiota, você responde: "Como ousa me chamar assim? Idiota é você". E destrói a interação a partir desse momento. Ao responder: "Por que você está me xingando? Eu nunca lhe trataria assim, sabe por quê? Porque eu te respeito", você desarma completamente quem o ofendeu. Uma lição que carrego comigo nas negociações é a de não tentar educar ou transformar as pessoas, pois não vale o esforço. Elas são quem elas são, e não é a breve interação comigo que alterará uma conduta que carregam ao longo da vida. Foco nos meus objetivos, sou incondicionalmente construtivo na busca por atingi-los e estou sempre analisando se vale continuar tentando ou se é melhor partir para outra. Tentar mudar os outros só gera frustração e nos distrai dos nossos objetivos.

Muitos questionam por que deveriam dar o primeiro passo ou se comportar bem enquanto o outro age mal. É tentador culpar os outros pelo fracasso na negociação. Na prática, entretanto, apesar de não termos responsabilidade sobre a forma como os outros nos tratam, somos responsáveis por como reagimos a esse tratamento. Se eu deixar que meu comportamento seja um mero reflexo de sua atitude negativa, o padrão destrutivo de nossa interação não será quebrado.

A verdadeira dificuldade da negociação reside na nossa tendência, tão humana, de reagir impulsivamente, movidos pelo medo ou pela raiva. Descobri que a base das boas negociações é aprender a não tomar decisões precipitadas, recorrendo a um espaço mental e emocional de perspectiva, calma e autocontrole. Contrariar nossos instintos básicos é difícil e leva tempo, mas é o melhor caminho que conheço para construir relações e acordos melhores.

No prefácio de um livro baseado nos ensinamentos de Viktor Frankl, psiquiatra austríaco e sobrevivente dos campos de concentração, Stephen Covey[67] conta que, numa biblioteca, ele tirou uma obra qualquer da estante e se deparou com a seguinte citação: "Entre um estímulo e a nossa reação, há um espaço. É nesse espaço que reside a liberdade e o poder de escolher nossa resposta. É dessa escolha que vem nosso crescimento e felicidade". Foi um trecho que o marcou, embora ele não se lembre mais do autor nem do título do livro, e que também me inspira. O próprio Viktor Frankl disse: "Tudo pode ser tirado de um homem, mas a última de suas liberdades é o poder de escolher sua atitude diante de qualquer circunstância". É uma frase que vale para a vida, e que pode fazer a diferença na sua próxima negociação.

AGRADECIMENTOS

O processo de escrita de um livro é muito desafiador e desgastante. São milhares de horas dedicadas a ler, pesquisar, escrever e lapidar o texto. E isso só é possível com a compreensão e apoio de pessoas próximas.

Agradeço à minha esposa Luana, minha maior incentivadora, que sempre respondia com um "vai lá" quando eu sinalizava que queria me trancar por horas no escritório. A Eva e Pedro, que entendiam quando eu precisava interromper nossas brincadeiras para terminar de escrever "mais um livro do papai".

À minha mãe Lila, que sempre vibra com cada conquista, e a meu pai Henrique, que realiza alguns sonhos através de mim, como o de escrever livros. À minha saudosa avó Lucy, que, mesmo não estando mais entre nós, serve de guia para que eu busque sempre seguir o caminho correto. A meus irmãos Sávio, Thais e Mila, que sinto se orgulharem de cada passo que dou.

Agradeço também à Clarissa Oliveira, por suas valiosas contribuições no processo de escrita do livro, e a Fernanda Pantoja, que acreditou no projeto e contribuiu para que ele fosse melhor do que era inicialmente.

NOTAS

INTRODUÇÃO [pp. 9-11]

1. Stuart Diamond. *Consiga o que você quer*. Rio de Janeiro: Sextante, 2012.
2. Daniel H. Pink. *Vender é humano*. Rio de Janeiro: Sextante, 2019.

PRIMEIRO PILAR: POSTURA [pp. 13-38]

1. Leigh Thompson. *The Truth About Negotiations*. Nova York: FT Press: 2007.
2. William Ury et al. *Como chegar ao sim*. Rio de Janeiro: Sextante, 2018.
3. Leigh L. Thompson. *Negotiating the Sweet Spot*. Nova York: Harper Collins, 2020.
4. Stuart Diamond, op cit. Rio de Janeiro: Sextante, 2012.
5. Max H. Bazerman. "The Mind of the Negotiator: The Mythical Fixed Pie". *Negotiation 1*, newsletter n.1, 2003.
6. Dan Ariely e Jeff Kreisler. *A psicologia do dinheiro*. Rio de Janeiro: Sextante, 2019.
7. Elisa Campos. "Wiliam Ury: Quem está ganhando seu casamento?". Disponível em: <http://epocanegocios.globo.com/Revista/Common/0,,ERT289547-16356,00.html>.
8. Chris Voss. *Negocie como se sua vida dependesse disso*. Rio de Janeiro: Sextante, 2019.
9. Deepak Malhotra e Max Bazerman. *Negotiation Genius*. Nova York: Bantam, 2007.
10. Ibid.

11. William Ury. Palestra proferida no TEDX San Diego (Califórnia), nov. 2014. Disponível em: <https://youtu.be/saXfavo1OQo>.
12. Dana Caspersen. *Mudando o tom da conversa*. Rio de Janeiro: Sextante, 2016.
13. Breno Paquelet. *Pare de ganhar mal*. Rio de Janeiro: Sextante, 2019.
14. Barry Schwartz. *O paradoxo da escolha*. Rio de Janeiro: Girafa, 2004.
15. Shirli Kopelman. *Negotiating Genuinely*. Redwood City: Stanford University, 2014.
16. Mary Parker Follett. *Creative Experience*. Ravenio, 2016. (publ. original, 1924)

SEGUNDO PILAR: PREPARAÇÃO [pp. 39-74]

1. Katie Shonk. "A Negotiation Preparation Checklist". Disponível em: <https://www.pon.harvard.edu/daily/negotiation-skills-daily/negotiation-preparation-checklist/>.
2. In: <http://www.abrham.com.br/site/apesar-de-negociar-bastante-brasileiro-tem-aversao-a-conflito-diz-pesquisa>.
3. Gerd Gigerenzer. *Gut Feelings: The Intelligence of the Unconscious*. Nova York: Penguin, 2008.
4. Stuart Diamond. *Consiga o que você quer*. Rio de Janeiro: Sextante, 2005.
5. Richard Shell e Mario Moussa. *The Art of Woo: Using Strategic Persuasion to Sell Your Ideas*. Nova York: Penguin, 2009.
6. Ann Tenbrunsel et al. "The Negotiation Matching Process: Relationships and Partner Selection". Organizational Behavior and Human Decision Processes: v. 8, n. 3, 1999.
7. Stuart Diamond, op. cit.
8. James K. Sebenius. "Seven Negotiation Lessons from Amazon's HQ Disaster in Queens". Disponível em: <https://hbswk.hbs.edu/item/seven-negotiation-lessons-from-amazon-s-hq-disaster-in-queens>.
9. David A. Lax e James K. Sebenius. *Negociação 3-D: Ferramentas poderosas para modificar o jogo nas suas negociações*. Porto Alegre: Bookman, 2009.
10. Eric Scmidt. "Questions for Charlene Barshefsky; The Negotiator". The New York Times Magazine, 1 out. 2000. Disponível em: <https://www.nytimes.com/2000/10/01/magazine/the-way-we-live-now-10-01-00-questions-for-charlene-barshefsky-the-negotiator.html>.
11. Thomas Wedell-Wedellsborg. *Qual é o seu problema?*. São Paulo: Benvirá, 2021.
12. "MoSCoW METHOD". In: <https://pt.wikipedia.org/wiki/MoSCoW_method>.
13. Adam Galinsky e Maurice Schweitzer. *Friend and Foe*. Nova York: Random House, 2015.
14. James K. Sebenius e David Lax, op. cit.
15. "Batna". In: <https://www.pon.harvard.edu/category/daily/batna/>.
16. Guhan Subramanian. "What Is Batna? How to Find Your Best Alternative to a Negotiated Agreement". Disponível em: <https://www.pon.harvard.edu/daily/batna/translate-your-batna-to-the-current-deal/>.

17. Adam Galinsky, Derek Rucker e Joe Magee. "Power: Past Findings, Present Considerations, and Future Directions". *APA Handbook of Personality and Social Psychology*, 2015.
18. Elizabeth Newton. *Overconfidence in the Communication of Intent: Heard and Unheard Melodies*. Redwood: Stanford University, 1990.
19. Francesca Gino. *Sidetracked: Why Our Decisions Get Derailed*. Cambridge: HBR, 2013.
20. Taylor and Francis Group, Leigh Thompson (ed). *Negotiation Theory and Research (Frontiers of Social Psychology)*. Psychology Press, 2006.
21. "Premier League". In: <https://pt.wikipedia.org/wiki/Premier_League>.
22. Stuart Diamond. op.cit.
23. Alexandra Carter. *Ask for More: 10 Questions to Negotiate Anything*. Nova York: Simon & Schuster, 2020.
24. Emily S. Reub. "Schools Find a New Way to Combat Student Absences: Washing Machines". Disponível em: <https://www.nytimes.com/2019/03/13/us/schools-laundry-rooms.html>.
25. Ibid.
26. Alexandra Carter. op. cit.
27. Jeffrey T. Polzer, e Margaret A. Neale. "Constraints or Catalysts? Reexamining Goal Setting Within the Context of Negotiation". *Human performance*, v. 8, n. 1, 1995.
28. Max H Bazerman et al. "Integrative Bargaining in a Competitive Market". *Organizational Behavior and Human Decision Processes*, v. 35, n. 3, 1985.
29. Donald Dell. *Never Make the First Offer*. Nova York: Portfolio Penguin, 2009.

TERCEIRO PILAR: COMUNICAÇÃO [pp. 75-101]

1. *Empatia — Coleção inteligência emocional da Harvard Business Review Press*. Rio de Janeiro: Sextante, 2019.
2. Alexandra Carter. *Ask for More: 10 Questions to Negotiate Anything*. Nova York: Simon & Schuster, 2020.
3. SalesLoft + Going. "Discovery Call Benchmark Report: Insights and Trends Analyzing Discovery Sales Calls", 2017. Disponível em: <https://pages.gong.io/discovery-calls-in-sales-report/>.
4. Jack Zenger e Joseph Folkman. "What Great Listeners Actually Do". *Harvard Business Review*, jul. 2016. Disponível em: <https://hbr.org/2016/07/what-great-listeners-actually-do>.
5. Adrian F. Ward. "The Neuroscience of Everyone's Favorite Topic". Disponível em: <https://www.scientificamerican.com/article/the-neuroscience-of-everybody-favorite-topic-themselves/>.
6. "Para Tallis Gomes, nada foi fácil". BlogReserva. Disponível em: <https://2min.usereserva.com/ser/para-tallis-gomes-nada-foi-facil/>.

7. Charles C. Ballew e Alexander Todorov. "Predicting Political Elections from Rapid and Unreflective Face Judgments." *Proceedings of the National Academy of Sciences*, v. 104, n. 46, pp. 17948-53, 2007.
8. Juliana Schroeder et al. "Handshaking Promotes Cooperative Dealmaking". *Harvard Business School NOM Unit Working Paper* v. 117, n. 14, pp. 743-68, 2014.
9. Greg L Stewart et al., "Exploring the Handshake in Employment Interviews". *Journal of Applied Psychology*, v. 93, n. 4, pp. 1139-46, 2008.
10. Janet Bavelas et al. "Form and Function in Motor Mimicry Topographic Evidence that the Primary Function Is Communicative". *Human Communication Research*, v. 14, n. 3, pp. 275-99, 1988.
11. Rick B. van Baaren et al. "Mimicry for Money: Behavioral Consequences of Imitation". *Journal of Experimental Social Psychology*, v. 39, n.4, pp. 393-98, 2003.
12. Jory MacKay, "The True Cost of Email and IM: You Only Have 1 Hour and 12 Minutes of Uninterrupted Productive Time a Day". Disponível em: <https://blog.rescuetime.com/communication-multitasking/>.
13. The Economist Intelligence Unit. *Communication Barriers in the Modern Workplace*. Disponível em: <https://impact.economist.com/perspectives/sites/default/files/EIU_Lucidchart-Communication%20barriers%20in%20the%20modern%20workplace.pdf>.
14. Disponível em: <https://www.leadershipiq.com/blogs/leadershipiq/39841409-quiz-whats-your-communication-style>.
15. Carlos Alberto Júlio. *Você, um grande negociador*. São Paulo: Da Boa Prosa, 2012.
16. The Economist Intelligence Unit, op. cit.
17. Austin Carr. "The Hard Sell at Taco Bell". Fast Company Magazine, 17 jun. 2013. Disponível em: <https://www.fastcompany.com/3012497/taco-bell-doritos>.
18. Mary Parker Follet, op. cit.
19. "Empathy". In: <https://en.wikipedia.org/wiki/Empathy>.
20. Daniel Goleman. "The Focused Leader: How Effective Executives Direct Their Own—and Their Organizations". *Harvard Business Review*, dez. 2013. Disponível em: <https://hbr.org/2013/12/the-focused-leader>.
21. Nicolas Guéguen et al. "Sollicitation de participation à une enquête par courriel: Effet de la présence sociale de l'attrait physique du demandeur sur le taux de réponse". *Canadian Journal of Behavioural Science/Revue canadienne des sciences du comportement*, v. 35, n. 2, pp. 84-6, 2003.
22. Ernst Fehr e Simon Gächter. "Fairness and Retaliation: The Economics of Reciprocity". *Journal of Economic Perspectives*, v. 14, n.3. pp. 159-81, 2000.
23. Daniel Shapiro e Roger Fisher. *Além da razão*. São Paulo: Alta Life, 2019.
24. Linda Putnam. "Are you Asking the Right Questions?". In: *Negotiation newsletter*, PON (Harvard Law School). 2010.
25. Leigh Thompson. "Information Exchange in Negotiation". *Journal of Experimental Social Psychology*, v. 27, n. 2, pp. 161-79, 1991.
26. Alexandra Carter, op. cit.

27. Ralph G. Nichols e Leonard A. Stevens. "Listening to people". *Harvard Business Review*, set. 1957. Disponível em: <https://hbr.org/1957/09/listening-to-people>.
28. Charles Stewart e William Cash. *Interviewing: Principles and Practices*. Nova York: McGraw-Hill, 2010.
29. Julia Minson et al. "Eliciting the Truth, the Whole Truth, and Nothing but the Truth: The Effect of Question Phrasing on Deception". *Organizational Behavior and Human Decision Processes*, v. 147, jul. 2018, pp. 76-932.
30. Linda Putnam. "Are You Asking the Right Questions?". Negotiation newsletter, PON (Harvard Law School), 2010.
31. Disponível em: <https://www.negotiationbriefings.com/43897/ask-better-questions-in-negotiation/>.
32. Breno Paquelet. *Pare de ganhar mal: Manual de negociação para aumentar seu salário e sua qualidade de vida*. Rio de Janeiro: Sextante, 2019.
33. Chris Voss. *Negocie como se sua vida dependesse disso*. Rio de Janeiro: Sextante, 2019.
34. T. Bradford Bitterly e Maurice E. Schweitzer. "The Economic and Interpersonal Consequences of Deflecting Direct Questions". Journal of Personality and Social Psychology, v. 118, n. 5. 2020.
35. Maurice Schweitzer. "How to Deflect Difficult Questions in an Interview or Negotiation". *Harvard Business Review*, nov. 2019. Disponível em: <https://hbr.org/2019/11/how-to-deflect-difficult-questions-in-an-interview-or-negotiation>.
36. Disponível em: <https://www.negotiationbriefings.com/57808/how-to-respond-to-the-toughest-questions/>.
37. Todd Rogers e Michael I. Norton, "The Artful Dodger: Answering the Wrong Question the Right Way". *Journal of Experimental Psychology: Applied*, v. 12, n. 2, pp. 139-47, 2011.
38. Allan e Barbara Pease. *Desvendando os segredos da linguagem corporal*. Rio de Janeiro: Sextante, 2005.
39. Ibid.
40. Pease Allan e Barbara Pease. *A linguagem corporal no trabalho*. Rio de Janeiro: Sextante, 2013.
41. "Media Richness Theory". In: Wikipedia. Disponível em: <https://en.wikipedia.org/wiki/Media_richness_theory>.
42. Joshua Weiss. "The Wired Negociator". Palestra proferida no TEDX Springfield (Massachussets), jan. 2019. Disponível em: <https://www.ted.com/talks/joshua_weiss_the_wired_negotiator_jan_2019>.
43. Kathleen L. Valley et al. "A Matter of Trust: Effects of Communication on the Efficiency and Distribution of Outcomes". *Journal of Economic Behavior & Organization*, v. 34, n. 2, pp. 211-38, 1998.
44. Adam Galinsky e Maurice Schweitzer, op. cit.
45. Vanessa Bohns e Mahdi Roghanizad. "Ask in Person: You're Less Persuasive Than

You Think Over Email". *Journal of Experimental Social Psychology*, v. 69, pp. 223-6, mar. 2017.
46. Aparna Krishnan, Terri R. Kurtzberg, e Charles E. Naquin. "The Curse of the Smartphone: Electronic Multitasking in Negotiations". *Negotiation Journal*, v. 30, n. 2, pp. 191-208, 2014.
47. Noam Ebner. "Negotiation via Email". In: Chris Honeyman & Andrea Kupfer Schneider. *The Negotiator's Desk Reference*. St Paul: DRI, 2017.
48. Harvard Law School Program on Negotiation Daily Blog. "Facing an Email Negotiation? Take a Proactive Approach". Disponível em: <https://www.pon.harvard.edu/daily/negotiation-skills-daily/facing-an-email-negotiation-take-a-proactive-approach-nb/>.
49. Harvard Law School Program on Negotiation Daily Blog. "Does Using Technology in Negotiation Change Our Behavior?". Disponível em: <https://www.pon.harvard.edu/daily/negotiation-skills-daily/technology-changing-us-way-negotiate-nb/>.
50. Harvard Law School Program on Negotiation Daily Blog. "In Email Negotiations, When They're Happy, Do You Know it?". Disponível em: <https://www.pon.harvard.edu/daily/negotiation-skills-daily/negotiation-research-you-can-use-in-e-mail-negotiations-when-theyre-happy-do-you-know-it-nb/>.
51. Christoph Laubert e Jennifer Parlamis. "Are You Angry (Happy, Sad) Or Aren't You? Emotion Detection Difficulty in Email Negotiation". *Group Decision and Negotiation*, v. 28, n. 2, pp. 377-413, 2019.
52. Noam Ebner. "E-mail Negotiations". In: Michael Benoliel (org). *Negotiation Excellence*. Singapura: World Scientific Publishing, 2014.

QUARTO PILAR: TÁTICAS [pp. 103-49]

1. Richard Shell e Mario Moussa, op. cit.
2. Jan Wickenberg e Sven Kylen. *How Frequent Is Organizational Politics Behavior? A Study of Managers' Opinions at 491 Workplaces*. Gotemburgo: Chalmers University of Technology, 2004.
3. Robert B. Cialdini. *As armas da persuasão*. Rio de Janeiro: Sextante, 2012.
4. Ellen McGirt. "Bono: I Will Follow". *Revista Fortune*, 24 mar. 2016. Disponível em: <https://fortune.com/longform/bono-u2-one/>.
5. Sam Walton, *Made in America*. Nova York: Bantam, 1993.
6. Donald Dell, op. cit.
7. Deepak Malhotra. *Acordos quase impossíveis*. Rio de Janeiro: Bookman, 2016.
8. Sarah Brosnan e Frans de Waal. "Monkeys Reject Unequal Pay". *Science* — v. 346. 2014.
9. Disponível em: <https://www.negotiationbriefings.com/57706/in-business-negotiation-get-your-words-worth/>.
10. Roman Trötschel et al. "Procedural Frames in Negotiations: How Offering My Re-

sources Versus Requesting Yours Impacts Perception, Behavior, and Outcomes". *Journal of Personality and Social Psychology*, v. 108, n. 3, pp. 417-35, 2015.
11. Disponível em: <https://www.scientificamerican.com/article/what-is-loss-aversion/>.
12. Michael Schaerer et al. "Win-Win in Distributive Negotiations: The Economic and Relational Benefits of Strategic Offer Framing." (2020). *Journal of Experimental Social Psychology*, v. 87, mar. 2020.
13. Stuart Diamond, op. cit.
14. David A. Lax e James K. Sebenius, op cit.
15. Geoffrey Leonardelli et al. "Multiple Equivalent Simultaneous Offers (MESOS) Reduce the Negotiator Dilemma: How a Choice of First Offers Increases Economic and Relational Outcomes". *Organizational Behavior and Human Decision Processes*, v. 152, maio 2019, pp. 64-83.
16. Amos Tversky e Daniel Kahneman. "Judgment under Uncertainty: Heuristics and Biases". *Science*, v. 185, n. 4157, pp. 1124-113, 1974.
17. Adam D. Galinsky e Thomas Mussweiler. "First Offers As Anchors: The Role of Perspective-Taking and Negotiator Focus". *Journal of Personality and Social Psychology*, v. 81, n. 4, pp. 657-69, 2001.
18. Margareth Neale e Thomas Lys. *Getting (More of) What You Want*. Nova York: Profile Books, 2015.
19. Steve Jobs. Apresentação proferida em Cupertino (Califórnia), jan. 2010. Disponível em: <https://www.youtube.com/watch?v=QaEYIYJLVlw>.
20. Richard Shell. *Bargaining for Advantage*. Nova York: Penguin, 2006.
21. Eduardo Costa. Entrevista a Danilo Gentili no *The Noite*, out. 2019. Disponível em: <https://www.youtube.com/watch?v=BNmRIw2F_Uk>.
22. Adam D. Galinsky. "When to Make the First Offer in Negotiations". *Negotiation*, set. 2004. Disponível em: <https://hbswk.hbs.edu/archive/when-to-make-the-first-offer-in-negotiations>.
23. Norman G. Miller e Michael A. Sklarz. "Pricing Strategies and Residential Property Selling Prices". *Journal of Real Estate Research*, v. 2, n. 1, pp. 31-40, 1987.
24. Adam Galinsky e Maurice Schweitzer, op. cit.
25. Margareth Neale e Thomas Lys. *Getting (More of) What You Want*. Nova York: Profile Books, 2015.
26. Martin Schweinsberg et al. "Starting High and Ending with Nothing: The Role of Anchors and Power in Negotiations". *Journal of Experimental Social Psychology*, v. 48, n. 1, pp. 226-321, 2012.
27. Leigh Thompson. *The Truth About Negotiations*. Nova York: FT Press, 2007.
28. Adam D. Galinsky. "When to Make the First Offer in Negotiations". *Negotiation*, set. 2004. Disponível em: <https://hbswk.hbs.edu/archive/when-to-make-the-first-offer-in-negotiations>.
29. John Oesch e Glen Whyte. "Best Foot Forward or Waiting Game: First Mover Effects in a Distributive Negotiation". *SSRN*. Disponível em: https://www0.gsb.columbia.edu/mygsb/faculty/research/pubfiles/11691/first_offers.pdf.

30. David D. Loschelder, Johannes Stuppi e Roman Trötschel. "14,875?!: Precision Boosts the Anchoring Potency of First Offers". *Social Psychological and Personality Science*, v. 5, n. 4, pp. 491-9, 2013.
31. Leigh Thompson. *The Truth About Negotiations*. Nova York: FT Press, 2007.
32. Nazli Bhatia e Brian C. Gunia. "'I was going to offer $10,000 but...': The effects of phantom anchors in negotiation". *Organizational Behavior and Human Decision Processes*, v. 148, set. 2018, pp. 70-86.
33. Daniel R. Ames, Malia F. Mason. "Tandem Anchoring: Informational and Politeness Effects of Range Offers in Social Exchange". *Journal of Personality and Social Psychology*, v. 108, n. 2, pp. 254-74, 2015.
34. Gregory B. Northcraft, e Margaret Neale. "Experts, Amateurs and Real Estate: An Anchoring and Adjustment Perspective on Property Price Decisions". *Organizational Behavior and Human Decision Processes*, v. 39, n. 1, pp. 84-97, 1986.
35. Thomas Mussweiler e Fritz Strack. "The 'Relative Self': Informational and Judgmental Consequences of Comparative Self-evaluation". *Journal of Personality and Social Psychology*, v. 79, n. 1, pp. 23-38, ago. 2000.
36. Adam Galinsky e Maurice Schweitzer, op. cit.
37. Ibid.
38. Plassmann et al. "Marketing Actions Can Modulate Neural Representations of Experienced Pleasantness". *Proceedings of the National Academy of Sciences*, v. 105, n. 3, pp. 1050-4, 2022.
39. Margaret Neale e Thomas Lys, op. cit.
40. George G. Akerlof. "The Market for 'Lemons': Quality Uncertainty and the Market Mechanism". *The Quarterly Journal of Economics*, v. 84, n. 3, pp. 488-500, 1970.
41. Galinsky et al. "The Dissatisfaction of Having Your First Offer Accepted: The Role of Counterfactual Thinking in Negotiations". *Personality and Social Psychology Bulletin*, v. 28, n. 2, pp. 271-83, 2002.
42. Ibid.
43. Leigh Thompson. *The Truth About Negotiations*. Nova York: FT Press, 2007.
44. Yossi Maaravi. "Negotiation as a Form of Persuasion: Arguments in First Offers". *Journal of Personality and Social Psychology*, v. 101, n. 2, pp. 245-55, 2011.
45. Dan Ariely e Jeff Kreisler, op. cit.
46. Daniel Kahneman e Amos Tversky. "Prospect Theory: An Analysis of Decision Under Risk". *Econometrica*, v. 47, n. 2, pp. 263-91, 1979.
47. Leigh Thompson et al. "The Bittersweet Feeling of Success: An Examination of Social Perception in Negotiation". *Journal of Experimental Social Psychology*, v. 31, n. 6, pp. 467-92, 1995.
48. Lawrence Susskind. *Good for You, Great for Me*. Nova York: Public Affairs, 2014.
49. Katie Shonk. "In Email Negotiations, When They're Happy, Do You Know it?". Harvard Law School Program on Negotiation Daily Blog. Disponível em: <https://www.pon.harvard.edu/daily/dealmaking-daily/contingent-contract/>.
50. Van Swol et al. "Evidence for the Pinocchio Effect: Linguistic Differences Between

Lies, Deception by Omissions, and Truths". *Discourse Processes* v. 49, n. 2, pp. 79--106, 2012.
51. Paul Ekman e Maureen O'Sullivan. "Who Can Catch a Liar?". *American Psychologist*, v. 46, n. 9, pp. 913-20, 1991.
52. Leigh L Thompson. *Negotiating the Sweet Spot*. Nova York: HarperCollins Leadership, 2020.

QUINTO PILAR: EMOÇÕES [pp. 151-97]

1. Bruce Patton, Douglas Stone e Sheila Heem. *Conversas difíceis*. Rio de Janeiro: Sextante, 2021.
2. Bessel Van Der Kolk. *The Body Keeps the Score*. Nova York: Penguin, 2015.
3. Daniel Goleman. *Inteligência emocional*. Rio de Janeiro: Objetiva, 1996.
4. Lisa Feldman Barrett. How Emotions Are Made. Boston: Mariner Books, 2017.
5. David Walton. *Inteligência emocional: Um guia prático*. Porto Alegre: L&PM, 2016.
6. Lisa Feldman Barrett et al. "Knowing What You're Feeling and Knowing What to Do About It: Mapping the Relation Between Emotion Differentiation and Emotion Regulation". *Cognition and Emotion*, v. 15, n. 6, pp. 713-24, 2001.
7. Todd Kashdan et al. "Emotion Differentiation as Resilience Against Excessive Alcohol Use: An Ecological Momentary Assessment in Underage Social Drinkers". *Psychological Science*, v. 21, n. 9, pp. 1341-7, 2010.
8. Richard S. Pond Jr. et al. "Emotion Differentiation Moderates Aggressive Tendencies in Angry People: A daily Diary Analysis". *Emotion*, v. 12, n. 2, pp. 326-37, 2012.
9. François De Callières. *Negociar, a mais útil das artes*. Edições de Janeiro, 2018. (publ. original 1716).
10. Barbara L. Fredrickson. *Positivity*. Nova York: Three Rivers, 2009.
11. Barry & Oliver, 1996; Forgas, 1998; Kramer et al., 1993; Kumar, 1997; Sanna et al., 2003; Thompson et al., 1999.
12. Roger Fisher e Daniel Shapiro. *Além da razão*. Rio de Janeiro: Alta Books, 2019.
13. Ariane Freitas. "William Ury: 'Abilio Diniz me disse que o que mais queria era liberdade'". *Época*, 12 jun. 2015. Disponível em: <https://epoca.oglobo.globo.com/tempo/noticia/2015/06/william-ury-quando-nos-influenciamos-fica-facil-influenciar-os-outros.html>.
14. Alison Wood Brooks. "Emotion and the Art of Negotiation". *Harvard Business Review*, dez. 2015. Disponível em: <https://hbr.org/2015/12/emotion-and-the-art-of-negotiation>.
15. Keith G. Allred et al. "The Influence of Anger and Compassion on Negotiation Performance". *Organizational Behavior and Human Decision Processes*, v. 70, n. 3, pp. 175-87, 1997.
16. Joseph P. Daly, "The Effects of Anger on Negotiations Over Nergers and Acquisitions". Negotiation Journal, v. 7, n. 1, pp. 31-9, 1991.

17. Taylor and Francis Group, Leigh Thompson (ed). *Negotiation Theory and Research (Frontiers of Social Psychology)*. Psychology Press, 2006.
18. Elaine Hatfield et al. "Emotional Contagion and Empathy". In: Jean Decety e William Ickes (org.). *The Social Neuroscience of Empathy*. Cambridge: MIT Press, 2011.
19. David A. Levy e Paul R. Nail. "Contagion: A Theoretical and Empirical Review and Reconceptualization". *Genetic Social and General Psychology Monographs*, v. 119, n. 2, pp. 233-84, 1993.
20. Matt Gavin. "The Impact of Emotions in Negociation". Harvard Business School Blog, 6 ago. 2019. Disponível em: <https://online.hbs.edu/blog/post/emotion-in-business-negotiation>.
21. Francesca Gino et al. "Anxiety, Advice, and the Ability to Discern: Feeling Anxious Motivates Individuals to Seek and Use Advice". *Journal of Personality and Social Psychology*, v. 102, n. 3, pp. 497-512, 2012.
22. Alison Wood Brooks e Maurice E. Schweitzer. "Can Nervous Nelly Negotiate? How Anxiety Causes Negotiators to Make Low First Offers, Exit Early, and Earn Less Profit". *Organizational Behavior and Human Decision Processes*, v. 115, n. 1, pp. 43--54, 2011.
23. Alison Wood Brooks. op. cit.
24. Eysenck, 1992.
25. James J. Gross e Oliver P. John. "Individual Differences in Two Emotion Regulation Processes: Implications for Affect, Relationships, and Well-being". *Journal of Personality and Social Psychology*, v. 85, n. 2, pp. 348-62, 2003.
26. Gross, 1998, 2001; Gross & Levenson, 1993; Hofmann et al., 2009.
27. Alison Wood Brooks. "Get Excited: Reappraising Pre-Performance Anxiety as Excitement". *Journal of Experimental Psychology: General*, v. 143, n. 3, pp. 1144-58, 2014.
28. Norbert Schwarz e Gerald Clore. "Mood, Misattribution, and Judgments of Well-being: Informative and Directive Functions of Affective States". *Journal of Personality and Social Psychology*, vol. 45, n. 3, pp. 513-52, 1983.
29. Harvard Law School Program on Negotiation Daily Blog. "Emotional Triggers: How Emotions Affect Your Negotiating Ability". Disponível em: <https://www.pon.harvard.edu/daily/negotiation-skills-daily/how-emotions-affect-your-talks/>.
30. Michael Wheeler. "Negotiating with Emotion". *Harvard Business Review,* jan-fev. 2013.
31. Jennifer S. Lerner, "Negotiating Under the Influence". *Negotiation: Harvard Business School,* jun. 2005.
32. Mark Gerson. "To Resolve a Conflict, First Decide: Is It Hot or Cold?". *Harvard Business Review*, jun. 2014.
33. Ibid.
34. All The Rage — Research and Resources on Anger Management. "Anger Management: Deep Breaths". Disponível em: <http://alltheragescience.com/tips/tuesday-tip-take-deep-breaths/>.

35. Robert Alberti. *Your Perfect Right*. Oakland: New Harbinger Publications, 2008.
36. William Ury. *Supere o não: Como negociar com pessoas difíceis*. São Paulo: Benvirá, 2019.
37. Debra Shapiro e Robert Bies. "Threats, Bluffs, and Disclaimers in Negotiations". *Organizational Behavior and Human Decision Processes*, v. 70, n. 1, pp. 14-35, 1994.
38. Deepak Malhotra, op. cit.
39. Charles Carver e Michael F. Scheier. "Origins and Functions of Positive and Negative Affect: A Control-Process View". Psychological Review, v. 97, n. 1, pp. 19-35, 1990.
40. *Atlas of Emotions*. Disponível em: <http://atlasofemotions.org/>.
41. Jennifer Goldman-Wetzler. *Optimal Outcomes*. Nova York: Harper Business, 2020.
42. G. Richard Shell. *Bargaining for Advantage*. Nova York: Penguin, 2018.
43. "Empathy Accuracy". In: Wikipedia. Disponível em: <https://en.wikipedia.org/wiki/Empathic_accuracy>.
44. "Dan Shapiro agora tenta solucionar os conflitos entre mãe e filha". Caldeirão do Huck, 15 set. 2018. Disponível em: <https://globoplay.globo.com/v/7019969/>.
45. Roger Fisher e Daniel Shapiro, op. cit.
46. Leigh L. Thompson. *Negotiating the Sweet Spot*. Nova York: Harper Collins Leadership, 2020.
47. Jennifer R. Overbeck et al. "I Feel, Therefore you Act: Intrapersonal and Interpersonal Effects of Emotion on Negotiation as a Function of Social Power". *Organizational Behavior and Human Decision Processes*, v. 112, n. 2, pp. 126-39, 2010.
48. Michael Wheeler. op. cit.
49. Holly Weeks. "Taking the Stress Out of Stressful Conversations". *Harvard Business Review*, jul-ago 1979.
50. Ibid.
51. Eva M. Krockow. "How Many Decisions Do We Make Each Day?". *Psychology Today*, 27 set. 2018. Disponível em: <https://www.psychologytoday.com/us/blog/stretching-theory/201809/how-many-decisions-do-we-make-each-day>.
52. Nick Morgan. "Take Control of Your Nonverbal Communication". *Harvard Business Review*, 13 maio 2014. Disponível em: <https://hbr.org/video/3541641444001/take-control-of-your-nonverbal-communication>.
53. Michael Ross e Fiore Sicoly. "Egocentric Biases in Availability and Attribution". *Journal of Personality and Social Psychology*, v. 37, n. 3, pp. 322-36, 1979.
54. Tali Sharot. "The Optimism Bias". *Current Biology*, v. 21, n. 23, pp. R941-R945, 2011.
55. Tali Sharot. "The Optimism Bias". Palestra proferida no TEDX Cambridge (Massachusetts), maio 2012. Disponível em: <https://www.ted.com/talks/tali_sharot_the_optimism_bias?language=pt>.
56. Deepak Malhotra e Max Bazerman. *Negotiation Genius*. Nova York: Bantam, 2008.
57. Daniel Kahneman e Amos Tversky, op. cit.
58. Robert B. Cialdini, op. cit.
59. Dan Ariely. *Previsivelmente irracional*. Rio de Janeiro: Elsevier, 2008.

60. Liane Davey. *The Good Fight: Use Productive Conflict to Get Your Team and Organization Back on Track*. Vancouver: Page Two Books, 2019.
61. Donald Sulls, Rebeca Homkes, Charles Sull. "Why Strategy Execution Unravels—and What to Do About It". *Harvard Business Review*, mar. 2015.
62. Katie Shonk. "3 Types of Conflict and How to Address Them". Harvard Law School Program on Negotiation Daily Blog. Disponível em: <https://www.pon.harvard.edu/daily/conflict-resolution/types-conflict/>.
63. Adam Grant. *Pense de novo*. Rio de Janeiro: Sextante, 2021.
64. Ibid.
65. Roger Fisher e Scott Brown. *Getting Together*. Nova York: Penguin, 1989.
66. Stuart Diamond. *Getting More*. Nova York: Crown Publishing, 2012.
67. Stephen Covey. *Prisoners of Our Thoughts*. Oakland: Berrett-Koehler Publishers, 2017.

TIPOLOGIA Miller e Akzidenz
DIAGRAMAÇÃO acomte
PAPEL Pólen Soft, Suzano S.A.
IMPRESSÃO Gráfica Paym, outubro de 2022

A marca FSC® é a garantia de que a madeira utilizada na fabricação do papel deste livro provém de florestas que foram gerenciadas de maneira ambientalmente correta, socialmente justa e economicamente viável, além de outras fontes de origem controlada.